高鸣家办·家族服务译丛
GAOMING FAMILY OFFICE

新生代之声
家族财富与智慧

The Voice of the Rising Generation
Family Wealth and Wisdom

小詹姆斯·E. 休斯
苏珊·E. 马森奇奥 ◎ 著
基斯·惠特克

李栋飏 ◎ 译

上海财经大学出版社 WILEY

图书在版编目(CIP)数据

新生代之声:家族财富与智慧/(美)小詹姆斯·E. 休斯(James E. Hughes Jr.)等著;李栋飏译. —上海:上海财经大学出版社,2019.6

(高鸣家办·家族服务译丛)

书名原文:The Voice of the Rising Generation: Family Wealth and Wisdom

ISBN 978-7-5642-3202-3/F·3202

Ⅰ.①新… Ⅱ.①小… ②李… Ⅲ.①私人投资 Ⅳ.①F830.59

中国版本图书馆 CIP 数据核字(2019)第 021178 号

□ 责任编辑 陈 佶

□ 封面设计 贺加贝

新 生 代 之 声

——家族财富与智慧

小詹姆斯·E. 休斯
(James E. Hughes Jr.)

苏珊·E. 马森奇奥
(Susan E. Massenzio) 著

基斯·惠特克
(Keith Whitaker)

李栋飏 译

上海财经大学出版社出版发行
(上海市中山北一路 369 号 邮编 200083)
网 址:http://www.sufep.com
电子邮箱:webmaster @ sufep.com
全国新华书店经销
上海华业装璜印刷厂印刷装订
2019 年 6 月第 1 版 2019 年 6 月第 1 次印刷

787mm×1092mm 1/16 8 印张(插页:2) 100 千字
印数:0 001—3 000 定价:35.00 元

图字:09-2018-1271号

The Voice of the Rising Generation

Family Wealth and Wisdom

James E. Hughes Jr. ,Susan E. Massenzio,Keith Whitaker

致谢

我们几位作者在此想向我们的同事、客户、朋友与家人致以衷心的感谢，大家共同探讨了新生代面临的挑战，我们从中受益匪浅。此外，还要特别感谢瑞塔·海恩斯(Reta Haynes)、海恩斯家族基金会与赫墨拉基金会对我们研究与写作的慷慨支持。书中所有见解都归功于朋友们的倾力分享，一切不当之处皆是我们自身问题。

推荐序(一)

中国各家族的第二代青年掌门人,在快速翻阅至本书的正文之前,我希望你们能准备好自己的心,认清自己家族当前的处境、家族对你的期许和肩头所负有的传承责任。

根据清华大学五道口金融学院全球家族企业研究中心发布的研究报告,统计显示目前中国民营企业的数量占全国企业总数已经达到了 70%以上,年龄在 50 岁以上的民营企业家占比高达 67%,这也就说明中国有超过三分之二的民营企业处于向下一代子女代际传承的转折阶段。二代企业家们,你们准备好了吗?

或许你们中有一些人会认为,家族的传承仅仅是简单的财富继承,父一辈成功秘笈的延续,或是企业掌门人的更名。不尽然,古往今来,家族传承一直是个世界性的难题,为了更有效、平滑、持续地将家族传承下去,每一代人都投入了巨大的时间成本、教育成本和人力成本。即便如此,家族传承这条道路仍充满了荆棘,全球多个权威机构调研显示,二代企业家里有近 70%在初期并没有考虑传承的问题。另外,家族企业和财富从第一代成功传承到第二代的比例仍不及 30%,而从第一代成功传承到第三代的比例连 5%还不到,守业的难度不亚于创业。

家族传承过程中，家族财富和家族精神是后代企业家最应当谨慎对待的。古希腊的神庙上写着："认识你自己。"是的，作为主导家族未来发展方向的二代企业家们，你们首先应当在心中问这样几个问题：我是谁？我从哪里来？又要引导着家族到哪里去？你们是想做让家族千古留名的保护者，还是仅仅想做一名散尽家财的"富二代"？如果你选择做前者，很好，这本书将是适合你的，它会在内心世界带你乘风破浪，赋予你战胜磨难的力量，为你指引前进的方向。

家族传承中，财富是传承的基础，而善财则是家族永葆活力的源泉和意义所在。不同于继承，传承是一门艺术，也是一门学问，需要几代人的共同努力。19 世纪美国具有影响力的作家，亨利·戴维·梭罗曾说过："德行善举是唯一不败的投资。"树立一个正确的财富观，挖掘财富的"慈善"潜能，于企业家个人价值、家族无形声誉以及社会温暖都有着不可估量的价值。

最后，愿你们像《荷马史诗》中所叙述的希腊人一样，集正义、善良、勇敢、勤劳、无私的精神于一身，在家族传承的道路上不畏艰险、勇往直前，彰显现代中国企业家独具的人文情怀和社会情怀。

芮萌

中欧国际工商学院金融与会计学教授

中欧家族传承研究中心联合主任

推荐序(二)

富裕家族及家族企业的传承,向来并不容易,即所谓“代际传承之困”。国外的家族如此,中国家族也如此。

很多调查显示,中国家族的新生代接班意愿很弱。其中原因很多,不同家族差异较大,但也有共性。比如,在事业成功因而多半自信的父辈面前,新生代的声音并不响亮,有的甚至很微弱。

詹姆斯·E. 休斯等人所著的《新生代之声》,思考了许多有意义的命题。在休斯们看来,全球富有家族面临的共同挑战,不是财务问题,也不是法律问题,而是新生代的沉默。他们审视父辈的梦想如何影响到下一代。父辈的梦想,有时会成为吞没后代梦想的一个“黑洞”。

上代为下代制造“黑洞”,不是因为憎恨或怨愤,而是因为爱。以爱为名,父辈的种种举动,有时并不是祝福,反而成了折磨。因爱而生的折磨更让人绝望——这种折磨往往有着冠冕堂皇的理由,让人无力反驳并深陷其中。

休斯等人提出了警告。这个警告基于浅显的前提:一个人,究竟是做自己这一代,还是做“下一代”? 在肉身层面,新生代或许无法选择,永远都是父母的孩子;但在精神领域,却可以更自由地做出判断。

选择，本质是一个放弃的过程。一个人期许得到点什么，也必然会放弃另外一些东西。在《新生代之声》中，希腊诗人卡瓦菲斯的名作《伊萨卡岛》反复出现。诗歌的开头是这么写的：

当你启程前往伊萨卡，

祈愿你的旅途漫长，

遇充满奇迹，充满知识。

显然，在诗人那里，伊萨卡是一个美丽的目的地，也是一个意义的体现。但是，旅人抵达伊萨卡是否最为重要？卡瓦菲斯恐怕不这么认为，他更“愿你的道路漫长”，愿你的旅途“充满奇迹，充满发现。”至于终点的意义，只能交给个人去品味了。

作者之所以如此书写《伊萨卡岛》，有其深意。家族传承跟金融财富有关，也跟文化、哲学乃至信仰密切相关。很多中外家族在传承的过程中，常常因为人力资本或者精神传承的失败，导致金融资产流失甚至家族瓦解。

中国这一轮的家族传承，传者与承者都是新手上路，没有经验。传者基本是创一代，对创造财富更为熟悉，但是对财富的保全与传承相对陌生。至于家族精神与家族文化，往往也是碎片化的，更缺少岁月的沉淀。

两代人阅历不同、教育背景不同，以及商业环境不断变化等原因，常常导致代际之间发生冲突。这个时候，从休斯等人那里汲取经验，是有益的。但我也认为，单单强调父辈重视新生代的声音，仍然不够。不同代人彼此倾听对方，有助于家族传承更为润滑顺畅。

汪晓波

《华人家族财富》出品人

第一财经前主笔

推荐序（三）

这是一本非常重要的著作，关于新生代的选择。

我们通常讨论的"富不过三代"，很多专业人士都觉得这是个技术问题，似乎用家族信托、家族大保单就可以解决避免，但本书指出，这并不是一个财富的问题，而是新生代的养育问题。

金融资产不会给家族带来灭顶之灾，而新生代对于自我能力的否定会让家族走向灭亡。

中国正从创业一代，向新生代过渡，而"创始人的光芒黑洞"变成了一个大挑战，使得新生代的梦想和自我意识在创始人的梦想中消失殆尽。

每个人都需要有自己的梦想与选择，每个人都会为自己的梦想和选择而拼搏努力。对于新生代呢？面对接班与不接班的纠结，已经让"选择"这个话题变得尴尬。

面对已经设定好的路线、无法胜任的恐惧，对自行谋生的焦虑、对既得财富的贪恋，都有可能让新生代变得沉默、痛苦。

如何既不机械地重复父母的路，也不与他们背道而驰，寻找两者的平衡是新生代的一项至关重要的任务。

所以新生代不能简单地等同于第二代、年轻一代，新生代是一种态度、一种心态，要从心理层面，而不是生理或财富层面给出的定义。

高鸣家办的使命是帮助每个家庭拥有一名首席财富官，这里的财富不仅仅指金融资本，更重要的是人力资本、社会资本、家族资本等；不仅仅从技术层面有所进展，还包括创始人和新生代的沟通，架构与规则的设计。

例如，高鸣家办有一个非常有特色的服务——康桥私塾，就是要帮助新生代顺性而为，找到自己的最强音，并不断优化，而不是拼命耗费精力补短板，还有机会进入英国剑桥、牛津等顶尖学校学习。

中国已进入了新生代崛起的时期，因此高鸣家办与上海财经大学出版社合作引进出版了本书，希望就书中的理念和价值观帮助到更多的新生代，找到自己的梦想，穿越创始人黑洞，实现自我价值。

同时也把这本书送给我的两个女儿，刘涵卿和刘韵卿，还有我的创业伙伴的孩子们，他们分别是陈陆渝、陈陆苏、李宜可、徐祺忱、王骏昂、王骏扬、尚蔚然、卢睿翔、卢睿东、王冠坤、张世颖、曾奕鸣、程燕、张景超、张楚贻、朱珂醇、朱悦瑞、史立潇、赵逸东、石睿棋、陈宸逸、张依伊、曾北南、曾厚健、张卓尔、刘明熙、李敬泽、曹宸、李懿雯、朱墨、卢锐林、卢颢鸣、张楷宸、张楷鑫、袁柏予。

祝新生代们发现自己的梦想，发出心中的最强音。

刘宇

高鸣家办联合创始人兼 CEO

目　录

引　言

名门望族

曾经有一个年轻人，他有一位成就斐然的父亲。他的父亲虽出身显赫，却凭借自己的勤勉与智慧，成为那个时代最声名远扬的领袖之一。

结果，这个在父亲盛名之下长大的年轻人，却并不真正了解自己的父亲。当他成年后，他对自己缺乏信心。他怀疑自己能否在世上大有作为，尤其能否与自己的父亲相提并论。

这个年轻人的母亲——数年来孑然一身，与雄心勃勃的丈夫天各一方——一直心如磐石、坚贞不移，这对家族而言，实为幸事。父子二人为克服彼此间的距离，历经了漫长的旅程。尝尽艰辛后，父亲回到家中，修复了自己的婚姻。儿子历经自我抗争，当最终得以与父亲团聚时，他展现出既是一个儿子的形象，又是一个男子汉的样子。

这并非是我们多年来在工作中接触到的众多家族中某个家族的故事——好些家族的故事都与之大体相似。这是荷马(Homer)创作于3 000年前的史诗《奥德赛》(*The Odyssey*)中的故事。《奥德赛》讲述了英雄奥德修斯(Odysseus)克服艰难险阻从特洛伊战场回到故乡伊萨卡岛的漂泊经历。书中还描写了奥德修斯之子忒勒马科斯(Telemachus)离家寻找父亲与自我的艰辛之旅。奥德修斯之妻、忒勒马科斯之母佩涅洛普(Penelope)面对蛮横求婚者的不懈纠缠,始终怀揣着一线希望,等待丈夫与儿子的归来。

挑　战

尽管奥德修斯是一国之君,其家族拥有大量资源,但《奥德赛》讲述的并非是一个关于财富的故事。这本书围绕人类的境遇展开,主题直指富有家族与穷困家族面临的挑战,尤其是新生代面临的挑战。

通过多年的咨询与研究工作,我们相信,我们对富有家族面临的主要挑战已有所了解。它不是一个财务问题,也不是一个法律问题。它无法通过更多、更好、更快地利用资源来加以解决。这个挑战是人类面临的挑战;是克服沉默,寻找家族新生代之声的挑战。

关于"沉默"和"新生代"的含义,我们要说的还有很多。不过,本着让新生代吐露心声的态度,我们想先和大家分享一下我们从家族中的年轻成员那里听到的话。在同家族成员的交谈中,或是在由我们促成的家族聚会上,我们会听到类似于这样的话:

- "我很感激父母所做的一切,但我有时觉得,他们所做的一切都是为了我。我其实并没有发言权。我怎样才能找到自己的方向,成长为一个快乐、独立的男人(或女人)呢?"

- "我已经开始走上属于自己的道路,但我也发现,自己会被各种各样的金融或商业事务拉回家中。有什么办法能让我既坚持走自己的道路,又同父母及大家族保持联系呢?"

- "每个人都让我去追寻自己的梦想,但我不清楚自己的梦想是什么。我也不知道如何询问父母我可以利用什么资源来明确自己的方向。我该从哪里入手?”

新生代成员往往很难说出这些话。但至少,这几句话是出自他们之口。相比之下,许多家族的新生代成员呈现给我们的是一片死寂般的沉默。新生代未宣之于口的话就像爱德华·蒙克(Eduard Munch)创作的《呐喊》(*The Scream*):尚未耳闻,已跃然脸上。

人们有时认为,让新生代吐露心声只是父母要应对的挑战。或者,可能会有一种流行的观点认为,这一重担完全落在新生代成员的肩上。但是,这个难题不能只靠父母或只靠孩子来解决。《奥德赛》讲述的不仅仅是奥德修斯返家的故事,也不仅仅是忒勒马科斯奋力离家的故事。新生的一代需要强大的前辈,杰出前辈也离不开后起之秀。

旅 程

这本书的目标很简单:主要是与你们这些新生代成员展开对话,旨在帮助你们应对一项重要挑战,即如何在成长过程中不丧失发言权。以下是我们的计划:

第一章将直面阻碍新生代找到自己声音的绊脚石。自相矛盾的是,主要障碍在于创始人的伟大梦想往往会变成一个“黑洞”。在很多情况下,这个黑洞会吞噬后来者的梦想,使他们终其一生充其量也不过是在服务他人的梦想。这条路贬损了自我,抑制了未来发展,最终削弱了家族活力。它是形成依赖,获得权利,以及“富不过三代”这句谚语切中要害的真正原因。

认识到这一障碍后,第二章会对我们所说的新生代的内涵进行探讨。我们希望,除了帮助你们这些新生代成员意识到黑洞的变相影响外,还能帮助你们认清自我。我们将讨论新生代成员的特征。我们将探究新生代成员为了成长而探索或奋斗的必要性。我们还将谈及新生代成员普遍面临的挑战，无论他们富有与否。

第三章将话题从新生代成员面临的挑战转移到应对这些挑战的策略上。这将为你们这些新生代成员更好地了解自己，尤其是自己的优势、信念与内在障碍提供途径。我们还会分享“个人与家族资产负债表”的更新版本，将其作为规划这段自我认识的旅程的进度的工具。

第四章从自我认知的获得迈向复原力与独立性的培养。许多父母侧重于提升新生代成员的金融素养，将其视作一项必备技能。我们让年轻的家族成员反思，在你们看来，找到自己声音最需要的是什么。弗洛伊德(Freud)强调爱与劳动的重要意义，在家族财富领域，我们尤为看重工作经验、管理关系与沟通能力，认为它们对培养复原力、自信心与胜任力至关重要。

前四章列出了富有家族所有新生代成员面临的挑战或可以采取的策略。第五章将所学的知识运用到人生之旅行至半途的家族成员所面临的特殊挑战中。如果你们处在这种情形下，那么你们可能已经历了数十年的沉默，但现在想要找到自己的声音。我们会探讨如何支持自己，以及如何避开往往为家族事务的所有权与领导权所固有的陷阱。

结语部分回顾了前五章中分享的诸多经验与原则，还着重探讨了这样一个问题：谁能帮助你们这些新生代成员驾驭个性化的核心工作？我们讨论认为，长辈与导师是两大帮手。长辈通过具体的交接工作为新生代成员提供帮助。如果你有幸碰到一位导师，那么他可以助力你的人生不断取得进步。

在每章的结尾，我们都会提出一个或几个问题，以供作为新生代一员的你思考。附录对这些问题进行了总结，并为其他练习提供了参考。你也可以利用附录中的工具来指导自己推行前面各章所探讨的策略。如果你、你的家族或你的家族顾问也想计划一个项目来培养新生代的能力，那么可以借鉴附录中提到的一个多阶课程，它将本书的内容简化成可以在几场会议上进行传达与探讨的形式。

此外，我们的目标是推进与新生代的对话。我们希望，无论你处于人生的哪个阶段，这本书都能让你有所思考、有所成长，书中这些章节与工具能助力你的整个家族去迎接培育后起之秀的挑战。

我们的方式

下面，就让我们开始对话吧。我们不想让新生代成员成为我们谈论的主题或谈话的对象。我们想同你们说说话。我们的目标是对话，而非说教。这就是为什么本书的每一章都很简短，极具可读性，且夹杂着一些发人深省的问题。我们想给你们一个反思与行动的机会。我们希望听到你们高亢洪亮的声音，而不是加重你们的沉默。最为根本的是，我们想为你们开辟一个新的境界，让你们在自我认识的基础上做出真正的选择。

我们重视选择，这实属必然。富有家族的成员之所以痛苦，主要根源在于，他们相信自己没有选择的余地。有时候，即使是在生意场上游刃有余的财富创造者也会认为，他们的财富难免会对子孙后代造成极为有害的影响。新生代成员通常会感觉，父母或祖父母已经在生活中替他们做出了许多重要选择。

这种无助感是我们在新生代身上看到的沉默的一部分，是个人发展与家族繁荣的巨大阻碍。金融资产不会给家族带来灭顶之灾。对自我能力的否定会让家族走向毁灭。这种看法耗散了我们的人力资本，那是我们真正的资产。因此，若要向前发展，就必须认识到，尽管每个家族终将瓦解，但没必要在此时此刻画上句号。就家族而言，挥霍财富乃至四分五裂都并不鲜见,不过这不是他们,至少不是你的家族在现在、明年、未来10年甚至100年内必须面对的问题。虽然存在熵定律,可大自然母亲仁爱善良:她说,那个“富不过三代”的谚语终究会应验,不过何时应验取决于你自己。家族是由个体组成的,作为个体,你可以做出选择。

作为新生代的一员,你有选择权。这是最重要的一点。你或许会感觉,甚至在你出生之前,就已经有人替你规划好了人生道路。这种感觉可能有符合事实的一面,在信托等金融工具对你的家族生活发挥重要作用的情况下尤为如此。但是,我们需要明白一个更深层次的道理:所有这些金融工具都是外在因素。没有一份信托文件能告诉我们什么是正确的选择。只有我们自己能做出这样的选择。我们希望,这本书至少可以鼓励你,或者说,让你有勇气去了解与做出这些选择。从这个意义上说,我们认为自己扮演的是《奥德赛》中雅典娜(Athena)的角色。在故事的开头,雅典娜化身为家族的一位朋友,她鼓励年轻的忒勒马科斯不仅要找寻父亲,更重要的是找寻自我。这点鼓励就足以支撑起一部史诗的开篇——哪怕只有一位读者觉得我们的书赋予了其踏上这样的旅程的力量,我们也达到了我们的目的。

航　标

在进入第一章前,我们想分享一些自己的想法,相信这些想法会助你开启这段航程。

《奥德赛》中最为有名的一段讲的是奥德修斯必须驾船穿过一条危机四伏的航道。海峡的一侧是贪婪的漩涡怪卡律布狄斯(Charybdis),它用漩涡吞噬过往的船只,将它们碾为碎片。海峡的另一侧潜伏着多头龙斯库拉(Scylla),经过的水手会被她抓住,成为她的肚中之物。奥德修斯必须在两大恶魔之间平稳航行。这段故事告诉我们小心谨慎与采取中间路线的重要性。

我们建议你也要避开富豪家族常常会陷入的两大危机。它们不像斯库拉与卡律布狄斯那样富有戏剧性。但是,相比于神话中的怪物,这些危机更为常见,且最终会造成极具破坏性的影响。

在我们看来,第一大危机在于,家族往往会将注意力几乎全都放在英雄般的财富创始人身上,不惜以牺牲"下一代"的利益为代价。这种倾向是可以理解的。家族创始人通常富有传奇色彩。想一想诸如梅耶·罗斯柴尔德(Mayer Rothschild)、康内留斯·范德比尔特(Cornelius Vanderbilt)、约翰·D. 洛克菲勒(John D. Rockefeller)这样的历史人物,或是山姆·沃尔顿(Sam Walton)、卡尔·阿尔布雷希特和西奥·阿尔布雷希特(Karl and Theo Albrecht)、梁稳根(Liang Wengen)、吉娜·莱因哈特(Gina Rinehart)、卡洛斯·斯利姆(Carlos Slim)、沃伦·巴菲特(Warren Buffett)、比尔·盖茨(Bill Gates)等更为现代的财富创造者。这些人创造了巨额财富(有时是靠一小笔钱缔造出一个商业帝国),由此凌驾于众人之上。他们或许也左右着家族内部几乎每项重要决策。

给予创始人或家族英雄应有的权利,这无可非议。荷马将其诗作命名为《奥德赛》,取自奥德修斯,而非忒勒马科斯。不过,尽管这种崇尚英雄创始人的倾向不难理解,但若过分强调,则会带来危害。正如我们将在第一章中所谈论的那样,你可能很容易看出,创始人的光辉形象是一个黑洞,你的梦想和自我意识会在其中消失殆尽。比肩创始人的生活经历看似没有可能。

正因如此,我们建议你首先要避免使用"下一代"或"次代"这样的词语,这是相对简单的一步。谈论下一代计算机操作系统或次代药物疗法并无不妥之处。这些词语很常见,豪门望族的顾问常将其挂在嘴边。问题在于它们都在一味地强调创始人或为家族奠基的一代。这类措辞巧妙有力地表明，新生代只不过是“接下来”的一代，即居于创始人之后的一代。我们认识一位年轻女士，在一次会议上，当她听到自己被称为“下一代”时，她说：“我不想成为‘下一代’，我要做自己这一代。”

我们还想提醒你要记得留意过分强调金融财富的倾向。这也是很自然的倾向，在豪门望族或在营企业中尤为常见。巨额财富会引发极大的关注，带来极大的责任。对个人事务态度谨慎，对丰厚财产心存感激，这些都非常重要。但是，将注意力聚焦在金融财富上会危害你的成长，最终也会破坏你家族的经济前景。

为更具体地说明这一危机，我们可以思考一下前面提到的“富不过三代”这句有名的谚语。多年来，它在不同的地方以不同的形式反复出现。这句谚语预言，家族金融财富不会持久。俗话说，第一代创造财富，第二代继承财富，第三代挥霍财富。坊间证据与科学研究表明，这句俗语在大多数情况下是正确的，即使在没有高额遗产税的国家或时代也适用。〔1〕

当然，“富不过三代”的原因才是问题所在。这句谚语一针见血地给出了答案。从中可以看出，第一代是英雄（金融财富由其创造），第三代是恶人（金融财富遭其挥霍），而第二代则是一帮无名小卒（既非创造者也非花费者）。这句谚语对每一代的夸张描述都凸显出过度关注财产事务所引发的问题。代际差异不是非黑即白。代与代之间相互依存。第三代并非凭空出现，他们是第二代的子女。第三代无法靠钱过上很好的生活，这也许同第二代抚养他们的方式有关。沉默的第二代由第一代的子女组成。他们的沉默与英雄一代的养育方式不无

〔1〕 可参见汤姆·尼古拉斯（Tom Nicholas）的《三代穿回木底鞋？》（“Clogs to Clogs in Three Generations?”），*Journal of Economic History* 59(3) (Sept. 1999)，688—713.

关系。

家族有兴必有衰。为避免家族走向衰败，在给予金钱应有的重视的同时，你应该将关注重点放在自己身上，关注你的技能，也就是你的人力资本。[1] 为此，我们还建议你在一开始就要意识到，每一代都曾是或正是新生的一代。

有证据表明，成功的家族之所以能长盛不衰，正是因为他们明白这个道理。比如，我们曾和博识咨询研究（Wise Counsel Research）的同事对全球100个家族进行过一项研究，这些家族已经在过去100年间或更长时间里，成功完成了市值逾一亿美元的家族企业的代际传承，我们发现，他们之间存在一个共通之处。这些家族几乎都会在某个时候，通常是在第二代或第三代，有意决定将关注焦点从缔造一个伟大的企业转向建立一个伟大的家族。这一步听似简单，却涉及诸多工作，需要每个家族历时几十年的努力。家族真正的财富是人力资本，而非金融资产，建立这一认识是首要之事。[2]

如果你对这本书中的其他建议都置之不理的话，那就接受这个事实：你真正的财富是你的人力资本——你的梦想、你的能力和你的人际关系。我们中大多数人都在感情中孤自挣扎，在生活刚刚起步的阶段尤为如此。除了那种出乎本性的抗争外，金钱也有着惊人的力量，能让我们产生被孤立之感。它可以让一代人感觉同另一代人像是陌生人，甚至是敌人。但是，我们之间的相似之处通常超出我们的想象。去寻找那些可以在生活中支持你的人，将自己视作一个普通人，而不是富有家族的一员。去寻找那些你可以予以支持的人。正如雅典娜

---

〔1〕 我们的合著者杰伊·休斯的经典著作《家族财富》（*Family Wealth*，New York，NY：Bloomberg，2004 [1997]）跨出了意义重大的一步，首次强调了人力资本在家族财富领域的重要性。有关家族企业的论述，另请参见伊万·兰斯贝格（Ivan Lansberg）的《家业永续》（*Succeeding Generations*，Cambridge，MA：Harvard Business Review Press，1999）。

〔2〕 Dennis Jaffe，Susan Massenzio，and Keith Whitaker，eds. *Good Fortune*：*Building a Hundred Year Family Enterprise*，(Boston，MA：Wise Counsel Research，Inc.，2013).

帮助忒勒马科斯一样，我们也想陪伴在你的身旁。我们希望你们彼此支持。如果做到这一点，那么陷入沉默的将不是你，而是那句谚语。

思考题

想一想你未来半年或一年的生活。在这段时间里，摆在你面前的一个重要选择是什么？在你阅读以下各章时，请记住这个选择，记住你确有选择的余地。

第一章　扬帆起航

献给新生代成员。

这一章——事实上，这一整本书——是为你们而写。

写给你们父母和祖父母看的书有很多，其中不乏一些优秀之作。（实际上，我们的上一本书《礼物的循环》主要就是为他们而写。）这些书或许会谈及下一代，但通常是为了引起你们父母或祖父母的关注，并非是以你们为主题。你们可能会从中受益，但你们不是这些书真正的目标受众。

在这一章中，我们会鼓励你们反思家族财富带给你们的挑战——你们往往无法认清这些挑战，但几乎总能对其有所察觉。在下一章中，我们会要求你们后退一步，观察新生代共有的特征和普遍面临的挑战，无论他们富有与否。之后，从第三章至第五章，我们会让你们思考该如何应对这些挑战，如何成就辉煌人生。

我们笔下的“你们”指的是谁？在本书中，这一人称代词主要是指创业家族中所谓的“第二代”成员。你们在成功父母的光环下——或许是阴影下——长大，有些父母看起来颇具传奇色彩。你们也有可能在他们身边努力工作，但多半还是在他们的指导下行事。你们知道自己也许难以企及他们的高度。

按照我们的本意,“你们”不只局限于家族的第二代成员。在此种情况下,家族财富的创始人可能已步入暮年,甚至已成为挂在墙上的一幅相片。创始人的发家故事似乎是久远的历史——然而,这些故事及其带来的经济影响可能仍会在很大程度上左右你们的想法与行动。

无论你们与创始人之间有何种关系,你们(我们的读者)都在创始人帮助创造的世界里日渐崛起。他们可能控制着家族的金融资本,或已建立了相应的控制机制。但是,你们掌握着未来,那是潜在人力资本最大的宝库。因此,你们担负着双重任务:既要认清自己所处世界的现实,又要在自己创造的生活中尽责且快乐地崛起。

黑 洞

我们多次提到财富给新生代带来的挑战。你们可能想知道,“这些所谓的挑战是什么?”毕竟,金融财富通常被视作好东西。我们可以用它来购置房产、支付教育费用、度假和帮助他人。对于金融财富,大多数人都是患少不患多。

你们中有些人的父母、老师或其他权威人士可能已经用一个不祥之词总结了家族财富问题,那就是“应得权利”。家族财富问题常被贴上的另一个标签是“依赖性”。在某些圈子里,你甚至可能会听到富有家族的年轻成员被称为“信托宝贝”(trust babies)。这些词语并不适用于财富创造者。它们通常被用在新生代成员身上,在其父母看来,其崛起已然背离正道。

我们不否认诸如“应得权利”和“依赖性”这样的字眼有时会有用(“信托宝贝”带有侮辱性质,意味着具有破坏性),但在我们眼中,这些词语并不能充分说明问题。

冒着过度简化复杂问题的风险，我们认为，家族财富给新生代带来的问题，究其根源，在于家族财富本身的来源，也就是创始人，更确切地说，是“创始梦想”。在我们看来，创始梦想的力量最后往往会让新生代的梦想归于沉默。这种沉默又是“富不过三代”这句谚语时常得以应验的原因所在。它是应得权利与依赖性的真正成因。

为什么我们要将问题的根源归结于创始人或创始梦想呢？想一想你家族财富的创始人。大多数情况下，创始人会有宏伟的计划，并深感他[1]自己有能力将想法付诸实践。我们将这种对自我能力的判断称为“自我效能”（self-efficacy）。创始人的梦想最初成形于一个想法，然后是一家企业，再之后是家族的金融财富。它在商业关系、人际关系与法律结构中得到展现。最终，这个梦想可能会影响家族成员做何工作，同谁结婚，怎样抚养子女，怎样花费“他们”的钱财。它可能会定义家族对社区的影响——无论是通过生意还是通过慈善，抑或是两者兼而有之。从社会声誉的意义上说，家族的名声由它赋予。

我们已经看到，创始梦想以各种各样的方式成形。这样的梦想几乎就像太阳一样（见图 1.1）。它让同事、合作者和家人看到了新的机会。它为他们的奋斗之路燃起希望。它照亮了创始人及其家人，并将他们展现给全世界。创始人的梦想是人力资本的一种不同寻常且令人印象深刻的体现。

这样的梦想是乔治·华盛顿（George Washington）、亚伯拉罕·林肯（Abraham Lincoln）、温斯顿·丘吉尔（Winston Churchill）、圣雄甘地（Mahatma Gandhi）、小马丁·路德·金（Martin Luther King, Jr.）、纳尔逊·曼德拉（Nelson Mandela）等政治奠基者或重建者伟大梦想的缩影。这些奠基者的梦想照亮了我们的国家和世界。家族创

---

〔1〕 当以单数形式指代创始人时，我们会因循惯例，使用阳性代词，我们承认，尽管过去与现在的大多数创始人都是男性，但女性创始人正日益增多。

图 1.1　创始人的梦想如太阳

始人的梦想亦是如此，承载他们梦想的舞台更小，但权力更为集中。

这些梦想带给政治领域和家族内部的挑战也有相似之处。托马斯·杰斐逊(Thomas Jefferson)认为，“自由之树”至少每 20 年就须用爱国者与暴君的鲜血来浇灌一次，也就是说，须依靠新生的一代。[1] 作为一名年轻的政治家，亚伯拉罕·林肯担心，开国元勋去世后，政治会陷入混乱。因为未来领袖想象不出该如何超越华盛顿或杰斐逊的功绩，所以甚至都不会有所尝试，整个国家便会失去方向。[2] 25 年后，林肯在他那场最为著名的演说中将血腥的内战重塑为“自由的新生”，不仅对美国如此，可能对世界亦是如此。[3]

杰斐逊与林肯都看到了伟大梦想带来的挑战：创始梦想的力量可能会压制新生代的梦想。这就是梦想的悖论。梦想是基础的人力资

〔1〕 托马斯·杰斐逊写给威廉·史蒂文斯·史密斯的信(Letter from Thomas Jefferson to William Stevens Smith)，1787 年 11 月 13 日。

〔2〕 亚伯拉罕·林肯，《我们的政治制度永世长存：在伊利诺伊州斯普林菲尔德青年学会的演讲》(“The Perpetuation of Our Political Institutions: Address before the Young Men’s Lyceum of Springfield, Illinois”)，1838 年 1 月 27 日。林肯在发表这篇极具先见之名的演讲时只有 28 岁。

〔3〕 Abraham Lincoln, “Gettysburg Address,” November 19, 1863.

本。但它们的力量可以阻止未来梦想的诞生。在这种情况下，人力资本走向了自我毁灭。创始人的太阳变成了一个黑洞(见图 1.2)。

图 1.2　创始人的梦想如黑洞

就家族而言，创始人的梦想越伟大，黑洞的影响可能就越有力。问一问你自己：通过什么方式，在生活中的哪些方面，我感受到了创始人梦想的引力？我看到它对我的父母或兄弟姐妹起作用了吗？我看到它影响我们的选择、我们的关系和我们的计划了吗？与大人物相比，我如何看待自己？我开始认为自己只是“居于他们之后”吗？我正生活在黑洞之中吗？

黑洞之寂

如果这些问题中有些能击中要害，你就会明白创始人的梦想对新生代造成的影响。对无法胜任的害怕，对自行谋生的恐惧，有可能压倒对前景的希望。实际上，当恐惧压倒希望时，家族成员便会陷入沉默。你或许认为，与创始人的丰功伟绩相比，自己的任何想法、言论或行为都无足轻重。你或许认为,一切皆已安排妥当,一切皆已有了决定。倘若真是如此,那么你的心声和梦想将在黑洞中消失殆尽。

这种沉默可以通过诸多方式显露出来。它甚至让人觉得颇具说服力。以下列举了这种沉默可能有的一些表现形式,尽管这些例子取材于我们的经历,但为了阐明观点,我们用各种方式对其进行了抽象。故事中的人名是虚构的;夸张的描述是组合而成的。每个例子都包含了一些问题,你不妨问一问自己有何答案。

优秀的管家

哈德逊(Hudson)从小就知道自己出生在一个富有家族。他对企业、工厂、信托等都有所了解。即使是在文法学校,他也会自豪地告诉同学们股票市场如何运作。(大多数同学认为他有点爱炫耀。)大学毕业后,他开始担任受托人的角色。他加入家族企业的董事会,密切关注家族的财务状况。父母为他这种负责任的行为感到高兴。然而,随着时间的推移,哈德逊的自豪感变成了一种沉重的负担,他感觉好像从未有机会按自己的意愿生活。

有没有人曾同你说过,"我最希望看到你成为我们家族财富的好管家"?做个管家并没有什么不对。优秀的管家替他人打理财产。在慈善领域,管家职责有着显赫的历史,慈善团体中的信徒们受到鼓励,将自己视作上帝所造之物的管家,其职责是保护受造之物并用其造福不幸之人。[1] 但这也是问题所在:如果有人要求你成为一个管家,那么你是为谁而活?你在守护谁的梦想?是你自己的还是创始人的?倘若你只是他人梦想的管家,那么你自己的声音可能会陷入沉寂。

---

〔1〕 关于这一背景下的管家职责,可参见保罗·舍维什(Paul Schervish)与基斯·惠特克合著的《财富与上帝的旨意》(*Wealth and the Will of God*,Bloomington:Indiana University Press,2010)。

流　星

当凯西(Kathy)还在念大学时，她的母亲曾在她回家期间将她拉到一边。母亲对她说："我想让你知道，因为你有一位成功的祖父，所以你可以凭自己的喜好做事。"凯西有些不解，回答道："我早就以为自己可以做任何事。"随着凯西的长大，祖父做生意赚的钱开始源源不断地流向她，那次谈话在她的脑海中挥之不去。她一直想成为一名律师。然而，从法学院毕业后，向合伙人方向发展的律师似乎会受到太多约束。她开始涉足法律辩护工作，不过与经济条件大不如她的同事共处让她感到很不自在。她的假期越来越长。当然，她过得很惬意，所以她感觉自己无可抱怨。但不知为什么，她觉得自己错过了真正的使命。

你是否曾因家族的金融财富而偏离自己的道路？即使你不清楚究竟有多少财富，你也知道它的存在会让你远离在你看来可能更有意义的道路吧？这些问题指向了礼物的力量，正如我们在《礼物的循环》中所说的，礼物成了迫使接受者偏离人生道路的流星。即使那颗流星来自一个充满爱的地方，也很难想象与谈论这种迷失方向的感觉。

青　蛙

比利(Billy)一直都很喜欢船。在中产家庭长大的他梦想着能考出船长证，成为一名领航员。父亲的生意越做越大，比利发现父母给他的钱足以买下一艘自己连做梦都不敢想的游艇。他也意识到妻子是为了钱才嫁给他的。父母继续贴补他的生活。他放弃了当领航员的梦想。何必如此费劲呢？他已经拥有了船。他把离婚的念头塞进了潜意识。他担心离婚让自己陷入财务困境，没有钱，他就无法维持现在的生活。他独自一人待在船上的时间越来越长。

你或许知道那张著名的图片：一个厨师将一只青蛙放在锅中，将锅置于火上加热。要是水太热，青蛙就会立刻跳出来。但如果厨师慢慢地加热，青蛙就觉察不到水温的变化。等感到有所不适的时候，青蛙会发觉肌肉无力，已经无法跳出水锅。最终，青蛙被煮熟了。故事中的比利就是那只青蛙，他的父母则扮演着厨师的角色，金融财富好比火焰，而他的婚姻与雄心壮志的缺乏就是那口锅。金融财富可以让自己过得如此舒适：为什么要跳到锅外呢？而且，旁人也会告诉你，锅外的生活充满艰辛和不如意。既然有可能蒙受巨大的损失，为何还要跳入那个可怕的未知世界呢？

平行宇宙

摩西(Moshe)的父母在国际慈善组织中身居要职。摩西在世界上最穷困危险的地方长大。他敬佩父母的献身精神，即使要跟着他们东迁西徙，历经艰辛。他也知道外祖父母在经营某种生意，但他对具体情况并不了解。他当然不明白这会对他的生活造成什么影响。在他 21 岁那年，母亲带他回国见了自己的家人。他得知母亲的家族富甲一方。这似乎彻底颠覆了摩西对自己与家人的认知。他曾将那些同他一起长大的穷孩子看作自己的兄弟姐妹。他曾认为自己是一个真正的世界公民。现在他感到不知所措，他的护照被吊销了。

你是否感觉自己对家族的财力一无所知？是否曾有人向你暗示过家族的财富状况，但从未同你解释清楚？你是否觉得自己生活在一个平行宇宙中——既平行于父母的世界，也平行于同龄人的世界？你父母的钱就在那里——比如，富丽的房子和奢华的家族度假——但那不是你的钱。然而，当那些没钱的同龄人在自食其力、辛勤奋斗时，你或许不会觉得自己要经历同样的挣扎。这片不真实的边缘地带可能也会催生出一种无所适从的沉默。

焦虑的继承人

安娜(Anna)和她哥哥格兰特(Grant)知道他们很富有。他们 20 多岁时就从成功的父母那里继承了数十万美元。这两个年轻人都很有责任心。他们中没有谁沉迷于毒品或深陷麻烦。结婚后,格兰特告诉安娜,他打算拿出大部分遗产来投资妻子刚刚起步的进出口公司。他为有机会和妻子一起“做点什么”而感到自豪。相比之下,安娜则显得焦虑不安。她同一个朋友说,她简直不敢相信格兰特会拿“他所有的钱”去冒险。

如果你获得了家族的一些金融财富——有可能是直接获得或者更有可能是以信托方式获得,那么你是否会担心这就是你所拥有的全部家当? 有这种忧虑很正常。大多数接受者都无法想象自己能创造如此巨额的金融财富。然而,这种感觉很容易让你将注意力放在“保住已有的资产”上,而不是去冒险探索新的机遇。这可能会导致一种焦虑的沉默。

好名声先生

约瑟夫(Josef)来自一个历史悠久、声名远扬的欧洲家族。从小家人就教育他一定要维护家族的“好名声”。约瑟夫后来移居美国,有一部分原因是为了不被家族盛名所累。然而,即使是在那里,他也时时将家族名声放在心上。他尽量不透露自己家族的历史。尽管受过商科教育,但他不愿与别人合伙做生意。他很少喝酒,从来不沾毒品,甚至尽可能避免驾车上路。他事事谨慎,唯恐稍有疏忽就会玷污家族的名誉。

你的家族财富的创始人是否给你留下了显赫的名声? 如果是这样,那么你可能会因不想玷污家族名声而感到焦虑。尤其是在互联网时代，新闻滚动播放，名人备受瞩目——任何错误似乎都不会为人所遗忘，你是否觉得无处可藏？同样，这种焦虑在一定程度上是对困境作出的合理反应。但是，它很难激励人们为追求发展而承担风险。相反，它会促使人们低调稳妥地行事。

慷慨的赠与者

詹姆斯(James)出生于一个非常富有的家族。他的祖父曾是一国首富。但丰厚的遗产从未让詹姆斯感到过自在。他觉得良心不安，自己如此富有，别人却囊中羞涩。在他 20 多岁的时候，他决定捐出名下所有资产，让一切重回正轨。他花了大约 10 年时间才做到这一点。虽然他不后悔自己的选择，不过后来他确实怀疑过这是否是最明智的做法，尤其是考虑到留给孩子们的选择。

你曾想过散尽全部财产吗？有些继承人之所以在房产、汽车、聚会上一掷千金，正是因为财富令他们深感不安。还有些人将大部分财产赠与朋友或慈善机构，以便摆脱心理的负担。如此花费似乎可以体现心中的梦想，尤其是投身慈善的梦想。但如果消费或赠与是出于对财富的否定，那么这真的是你的梦想吗？

查考边界

如果黑洞及其沉默以这样或那样的方式影响到你的生活，请不要绝望。新闻记者、历史学家和通俗作家往往将关注点放在“财富的阴暗面”上。但是，对于每个屈从于黑洞的家族来说，还有一些人已经切实有效地帮助新生代找到了自己的声音。

最著名的例子当属洛克菲勒家族。没有谁有比老约翰·D. 洛克菲勒(John D. Rockefeller)还要宏大的梦想。他的儿子小约翰·D. 洛克菲勒在父亲的亲自督导下长大。小洛克菲勒的零用钱受到严格限制，他从节俭的父亲那里学到了经商之道。不过，非常重要的一点是，在对职业的选择、对慈善事业的投入和对子女的抚养上，父亲也给了他自主决策的空间。对无所顾忌的老洛克菲勒来说，没有什么比向孩子们发号施令、指挥他们该在哪里工作、该和谁结婚、该怎样抚养子女更容易。但老洛克菲勒没有这样做。在经历了一番犹豫不决和心路探索后，小洛克菲勒利用自己的自由，找到了自己的方向。他对子女的教育践行了父亲的理念，给他们留有空间来做出人生中的重大选择。因此，洛克菲勒家族在延续家族财富传奇的同时，也感受到了新生代重塑自我的自由。

洛克菲勒家族的例子揭示了一个家族为避免黑洞带来的负面影响所必须采取的关键一步。我们将之形容为不断查考边界。每个创始梦想或黑洞都有引力。对后代成员来说，引力范围内的生活可能正如我们的一位客户所言，会“受到压制”。他将成为锅中的那只青蛙。在界线之内，创始梦想会阻碍其他梦想生根发芽，进而阻碍家族成员的人力资本发展壮大(见图 1.3)。

图 1.3　存在边界的黑洞

因此，家族兴旺是否在于冲破边界线，加速远离黑洞？不，正如我们所看到的那样，倘使以排斥家族财富的方式——通过消费或投身慈善——来摆脱它，那么结果也可能是陷入沉默。排斥家族财富的另一种表现是过着隐藏财富的生活：对财富不予理会，既不打开来自银行或投资公司的财务报表，也不外出度假或购置贵重物品。这种排斥不会带来自由。如果你毕生都在设法远离黑洞，那么它仍然与你同在，总能终结你排斥它的企图。在排斥中度过的生活同在创始人的庄园和度假别墅中度过的生活一样受到压制。

正因如此，我们认为更富有成效的做法是查考黑洞周围的边界，我们有时称之为“绿线”。小洛克菲勒没有摈弃父亲的梦想，也没有简单地屈从于它。他和他的许多后辈在创始人（或重建者）的伟大梦想与子孙后代尚未萌生的梦想之间找到了平衡。

我们曾合作过的另一个家族有一位创始人，他的梦想涉猎面很广，从自然资源开发到金融，再到极限运动，无所不包。因此，他的女儿们从小就游历了世界各地，即使她们想在父亲的公司工作，也有各种各样的职业可以选择。值得庆幸的是，她们的父亲如此珍视自己的自由，以至于他想确保女儿们也能不受约束地选择各自的道路。在我们的帮助下，每个女儿都找到了自己的梦想，以及她们的梦想与父亲的事业之间可能有的交集或分歧。我们还促成了每个女儿和父亲之间关于这一思考过程的对话。这是黑洞边界上的工作，充满了危险与能量。

找到你自己的声音意味着既不能机械地重复父母的路，也不能总与他们背道而驰。寻求两者之间的平衡是新生代面临的一项至关重要的任务。

导 师

我们在本章的开篇就强调，我们是在和你们这些新生代成员说说话，你们并非我们谈论的主题或谈话的对象。通过各种问题和例子，我们希望帮助你展开一场与自己的对话。

有时候，你很难面对自己身处黑洞或深陷沉默的现实。即使你生活富裕——或者说尤其是在你生活富裕的时候——身边都是仆人、帮手和顾问，你也可能会感到孤独。你可能想知道，"谁是真正支持我的人，而不仅仅是为了我的钱?"

这不是一个随口提出的问题。正如我们将在结语一章中所讨论的那样，对于拥有巨额财富或大型企业的家族来说，大多数顾问只有在同一黑洞的引力范围内才能照常工作。这就是为什么95%的新生代成员一收到礼物就会离开父母的顾问，一旦父母去世，这个比例会达到98%。[1]

那么，谁会支持你呢？当你决定自己支持自己时，你通常会找到这样的人。《奥德赛》的故事在这里很有帮助。在故事的开头，奥德修斯之子忒勒马科斯在家中闷闷不乐，不知如何是好。女神雅典娜乔装出现在他面前。[她先是化身为商旅门特斯(Mentes)，后又扮作家族老友门托尔(Mentor)，受奥德修斯所托来照看他年幼的儿子。] 雅典娜问了忒勒马科斯一些尖锐的问题，并严厉地批评了他。雅典娜的话将忒勒马科斯从愠怒中唤醒。他决定做出突破，踏上寻找父亲与自我的旅程。

---

〔1〕 Michael Sisk, "How to Keep the Kids," *Barron's* (June 4, 2011), S20-S21. See also Diane Doolin, Vic Preisser, and Roy Williams, "Engaging and Retaining Families," *Investments & Wealth Monitor* (September/October 2011), 10-16.

要想开启一段旅程，即使有人帮助，我们也必须做好接受帮助的准备。如果雅典娜早来一年，忒勒马科斯可能还太过年轻，无法走上这段探寻之旅。你同样有必要问一问自己，“对于这段旅程，我在哪些方面已经做好准备，哪些方面我还有所欠缺？”最后，值得记住的是，伪装之下的雅典娜是一位女神。最好的帮助带着几分神圣感。它不会招之即来，待我们准备妥当，它就会出现在我们的面前。你不必挑选时间和导师。你能做的就是准备好听从召唤。

思考题

相对于黑洞，你站在哪里？谁会支持你，支持你摆脱引力的影响？

第二章　垂着玫瑰色手指的黎明

觉　醒

如果你是新生代的一员，且已经读到了这一页，那么不妨停下来稍作思考。你已经开启了一段旅程。你已经迈出了一大步。你跨过了那条绿线，那条包围着创始梦想的黑洞引力的界线。你现在所站的位置充斥着巨大的能量和风险。这个位置之所以能量巨大是因为，像生活中大多数重要界线一样，它汇聚了相互制约、相互冲突的力量：过去与未来，约束与自由，传统与创新，凡此种种，不一而足。这个位置风险巨大的原因在于，你踏上了一条未知之路。你可以做出选择，选择总是伴随着风险。要感激自己迈出了至关重要的一步。

本章的标题取自荷马史诗《奥德赛》，诗作中有几章以这样的画面开篇："黎明将她玫瑰色的手指垂向暗酒色的大海。"黎明正在升起。根据荷马所说，黎明也是一位女神，她照亮了一切：在空间的维度上，她照亮了无垠的大海；在时间的维度上，她照亮了机遇与挑战并存的来日。她那玫瑰色的手指令人心驰。她是奥林匹斯众神与凡人之间的传递者。黎明将高山与大海相接，令一切都清晰可见、明白易懂，甚至充满诱惑。

在本章之初，我们同样向你们呈现了这幅令人神往的图景。作为新生代的成员，你们已经开启了自己的旅程。在我们的鼓励下，你们思考了财富给刚刚踏上这条路的自己带来的挑战，尤其是黑洞及其沉默的挑战。在这一章中，我们需要思考什么是新生代，什么是新生代共有的特征和普遍面临的挑战，无论其富有与否。这样的思考将为后续章节打下基础，从第三章到第五章，我们将探讨如何充分展现后起之秀的实力。

崛　起

当我们谈到新生代时，我们觉得有必要先澄清一些概念上的误解。人们很容易将新生等同于年轻。尽管两者有诸多重合之处，但它们并不相同。并非所有的年轻人都是新生力量（并非所有的新生力量都是年轻人——这一点我们将在第五章再做讨论）。有太多人，年纪虽轻，但灵魂已老。黑洞或其他阻碍已经断送了他们崛起的能力。

新生代中还有些成员是初出茅庐的成年人。这是一个新的成长阶段，用于描述 18 岁至 25 岁左右的年龄段。尤其是在发展中国家，这个年龄段的年轻人既非青少年，又非羽翼丰满的成年人。[1] 它是一个中间时期。大多数初出茅庐的成年人仍然认为自己处于学习阶段，事业尚未稳定。许多人依旧和父母同住，但并不认为自己是孩子或依赖者。很少有人结婚或育有孩子，但他们可能正在恋爱，甚至已经同居。从本书主题和忒勒马科斯的例子来看，我们通常会说，初出

---

〔1〕 Jeffrey Arnett, *Emerging Adulthood: the Winding Road from the Late Teens through the Twenties* (New York, NY: Oxford University Press, 2006).

茅庐的成年人正在经历人生的“奥德赛岁月”。[1] 正如我们将在下文中讨论的那样，如果你既是新生代的一员，又是一个初出茅庐的成年人，那么你必须意识到这些发展特征和挑战，不要让它们定义你的崛起。[2]

正如引言中所述，我们也不会将新生代与富有家族的下一代或第二代画上等号。参照富有创造力的原生代来定义下一代，下一代会发现自己的声音受到了压制。当然，一些成员在设法大声疾呼，但他们这样做不是因为被贴上了“下一代”的标签，而是尽管有这样的标签，他们仍然要发出声音。这同样适用于相对于金融财富创造者而言的第二代。我们希望能帮助你们揭去这些标签，这些标签将你们的父母或他们的金钱置于首要位置，我们想让你们做回自己。

因此，如果新生代不能被简单地等同于年轻一代、第二代或下一代，那么它是什么呢？从根本上看，它是一种态度或一种心态。新生代是从心理层面，而非生理或金融层面给出的定义。

这种心理的核心要素是对成长、机遇和希望的认知。作为新生代的一员，你意识到自己的人生路远未走完。你可能只是刚刚启程。这并不意味着你还没有取得什么成绩，在教育方面或许尤为如此。但每座山的背后，都耸立着另一座山在召唤你前行。这一成长过程可能让你感到痛苦和沮丧；你曾经历过也还将会经历成长的烦恼。对机遇的感知往往伴随着困惑不解、优柔寡断和对危险的预感。这是人之常情：我们的成长意识中有一部分是成长带来的风险意识。但那正是希望升起的地方。这些机遇在召唤你，而非威胁你。有希望胜过有

---

〔1〕 David Brooks, “The Odyssey Years,” *New York Times* (October 9, 2007).

〔2〕 梅格·杰伊(Meg Jay)博士在她的新书《起决定作用的10年：为何你的二十几岁如此重要——如何从现在开始充分利用这10年》(*The Defining Decade: Why Your Twenties Matter—and How to Make the Most of Them Now*, New York, NY: Twelve, 2013)中提到，初出茅庐的成年人的第一要务是在工作与爱情中定义自己的身份。在第四章中，我们会更专注于这些重要方面。

遗憾。

满怀希望地看到成长的机遇，与此心态相关的另一个要素是一种强烈的未来感(futurity)。如果没有立足之地，那么崛起也就无从谈起。你个人和你的家族都有过往和历史。尽管你可能会对父母给予你的一切心怀感激(或许还会因他们无法为你提供一些东西而心存愤怒)，但你的目标不是退向他们，而是迈向未来。

与过去相比，新生代更注重未来。这听起来似乎是老生常谈。但是，这种定位通常是一种重新定位，需要花费一些努力。比如，在《奥德赛》的开篇，忒勒马科斯并没有将目光投向未来。他对父亲恨之入骨，恨他让自己陷入困境。他禁不住怀疑自己是否是他的亲生儿子，怀疑母亲是否背叛了父亲。他因此对自己的父母横加诋毁。伪装之下的雅典娜必须给他以迎头痛击，让他走出过去，展望未来。再比如，哲学家尼采(Nietzsche)解释说，年轻人习惯用非黑即白的视角看待世界、选择立场。最终，失望导致年轻的灵魂批判自我、怀疑自我，站到了年轻的对立面。不过，他总结道："10 年后，有人会明白，这一切也仍然是——年轻！"[1]如果你还在与过去抗争，那么你是在背对着未来前行。真正的崛起有时需要放下对个人出身与早年经历的怨恨。

崛起的另一面是对奋斗，甚至是对战斗的渴望。有时候，最该抗争的是你的过去和你的原生家庭。因为现实中有这种抗争的需要，所以社会各界创造了各种仪式或活动，让新生代有机会如此行事。比如，近些年来，富有家族至少会为家族的男性成员安排一些特别的考

〔1〕 尼采，《超越善恶：未来哲学的序言》(*Beyond Good and Evil: Prelude to a Philosophy of the Future*)，格言 31。整篇格言是对青春意义的深彻反思；整本书是对崛起概念的重大发展。

验，包括寄宿学校、野外生存和从军作战。[1] 在其他更具贵族气息的时期和地方，年轻的绅士们如果不上阵作战，就会在赌桌上追求好运。或许只有这样的严肃游戏才能让家财万贯之人对自我进行检验，不成功即毁灭是摆在他们面前的残酷现实。[2] 我们无意支持赌博或战争。但这些追求曾经满足了，而且在一些地方仍然可以满足新生代真正有价值的需要。

最后，无论何时何地，新生代最常见的一个特征是渴望与人建立联系。满怀希望的人会吸引志同道合的人。或许衰落最令人伤心之处在于我们的自我退缩；我们避开他人，他人往往也会避开我们。当我们崛起时，情况正好相反。新生代有一种天生的魅力，不仅讨人喜欢，而且引人注目。无怪乎新生代为了保持联系，经常会创造出新的习俗或技术。

这些特征在我们认识的许多新生代成员身上或多或少有所展现。然而，正如我们在前文暗示的那样，有时需要花费一些努力才能让这些特征闪现光芒。以我们认识的一个年轻人为例，他离开家乡去上大学，丝毫不清楚外面的世界与家乡有何不同，在当地，每个人都知道他家极为富有。他满心欢喜地向在学校里新交的朋友展示自己昂贵的衣服和电脑设备，并邀请他们参观自家的几座度假屋。几周后，其中一个"朋友"在校报上发表了一篇关于他的故事，将他形容成一个虚荣、肤浅、爱炫耀的"富家子弟"。这让他惊恐万分。结果，他退却了。他离开学校，回到家中，开始怀疑离开家族和家族财富，自己是否一文

〔1〕 参见纳尔逊·奥尔德里奇(Nelson Aldrich)的《贵族世家:美国上层阶级的神话》(*Old Money: the Mythology of America's Upper Class*, Knopf, 1988, 141-190)。参见奥尔德里奇在第195页发表的进一步评论:"老派贵族从小受到礼节与礼仪的熏陶，其设置的严峻考验本应让受益人超脱市场的道德丑陋面，但同时也该约束他们的自由，塑造他们富有活力且忠厚正直的'性格'。然而，很多时候，课程安排似乎徒劳无益。自由的离心力，不劳而获的财富的双面性，实在是超出了老派贵族的掌控范围。"整本书都值得深思。

〔2〕 关于"严肃游戏"，参见库尔特·里茨勒(Kurt Riezler)的《游戏与严肃性》("Play and Seriousness"), *Journal of Philosophy* 38(19) (September 11, 1941), 507 and context。

不值。

我们给他做了几次心理治疗。我们讨论了他看到那篇故事时内心的痛苦与惊讶。最终，他开始能够明白学校里的人可能会怎样看待他的行为。他不再评判（或害怕）他们，而是专注于自己。通过同我们交谈，他认识到了自己的能力、自己的体育天赋和学术素养。他重新唤醒了自己学习软件设计、投身迅速发展的社交媒体领域的梦想。休息了一个学期后，他以良好的状态转入一所新学校重新开始。他变得更加明智，尽管多了几分忧伤，但他也真正做好了崛起的准备。

如果你是新生代的一员，那么你可能会发现，我们在前文提到的态度或多或少在你身上有所展现：对成长、机遇、希望和未来性的认知，以及对奋斗与建立联系的渴望。为了将这些要素整合到一起，我们使用了上一本书《礼物的循环》中的一个模型。[1] 我们称之为 4C 模型（见表 2.1）。

表 2.1　　4C 模型

正极	轴	负极
强大	控制	无力
参与	投入	疏离
激励	挑战	威胁
相连	共通	孤立

投入体现在对成长与探索机遇的渴望，以及内心燃起的希望上。它会带给你一种参与感，让你远离《奥德赛》开篇忒勒马科斯所经历的疏离感。挑战体现在对直面未来与奋斗的渴望上。它会给你以激励，而非威胁或恐惧。奋斗，伴随着成长和希望，激发了更强烈的控制感。这样的结果会让你感到强大，而非无力，会让你觉得自己是生活的主

〔1〕 *The Cycle of the Gift: Family Wealth and Wisdom* (New York, NY: Bloomberg, 2013), 43-44. 这个模型离不开萨尔瓦多·麦迪（Salvatore Maddi）、苏珊娜·科巴萨（Suzanne Kobasa）和丹尼斯·贾菲（Dennis Jaffe）的前期努力。

人，而非他人计划的棋子。最终，如上所述，这一切会催生出一种魅力，让你为他人所吸引，也让他人为你所吸引。有了这种共通感，你会感到自己与周围世界紧密相连，不会觉得孤独寂寞、无依无靠。

在此，我们想请你花点时间，用 4C 模型给自己定一个位。控制感、投入感、挑战感和共通感在你身上有怎样的体现？你是感到更加强大还是更加无力？是融入还是疏离？是受到激励还是受到威胁？是与人相连还是遭到孤立？你不妨花点时间，利用表 2.2 中的空白处，在这四组特征中找到自己的位置。

表 2.2　　　　留白的 4C 模型

强大	←→	控制	←→	无力
参与	←→	投入	←→	疏离
激励	←→	挑战	←→	威胁
相连	←→	共通	←→	孤立
	←→		←→	

我们想在这里就新生代的特征再谈两点看法。首先，这四个 C 涵盖了一系列有助于发展自我效能这一重要能力的感觉或态度。我们在第一章中提到了财富创始人的自我效能。自我效能指的是对自己有能力在世上有所作为的信念。正是自我效能引导我们说出内心想法，采取切实行动（而不仅仅是“做无用功”）。我们需要一些自我效能才能踏上崛起之路。崛起终将通向自我效能的完满。

其次，这四个 C 还描述了对“复原”（resilience）能力至关重要的感觉或态度。简单而言，复原力指的是从命运的挑战中，用哈姆雷特的话说，从财富抛向我们的“明枪暗箭”中“反弹回来”的能力。人们普遍认为，年轻人往往具有更强的复原力，无论是在身体上还是在心理上都是如此。这种复原力是崛起的一种体现，当我们遇到障碍时，崛起的一面自会有所展现。因此，崛起的关键在于，无论面临怎样的人生挑战，都能一直保持良好的复原力。在第四章中，我们将从生活的方方面面来重点探讨对复原力的培养。

明枪暗箭

生活带给我们的一些挑战来自外部，在特定处境下尤为如此。比如，我们在第一章中谈到，家族财富给新生代成员带来了挑战。家族财富的结构可能会让你感到力不从心。财富也会加深你与同龄人之间的疏离感，它或许会让你觉得自己与按部就班的生活格格不入。反过来，这种疏离感可能会让你一想到要自力更生，便感觉受到了威胁。

不过，无论是否来自富有家族，新生代成员都会为其他挑战所困扰。我们想在这里花些时间仔细思考一下这些挑战，全面审视一下什么是我们所说的新生代。

新生代成员自然都会面临一些与金钱无关的挑战。这些挑战可能源于身体、思想或心理的局限性。没有人是完美无缺的。

其他挑战（和机遇！）来自我们的人口结构。尽管新生代在许多观点上有相通之处，但每一代所处的世界都有所不同。比如，关于千禧一代的人口状况目前已有许多报道。我们不会在这里深入探讨婴儿潮一代、X 一代和 Y 一代之间的区别。但简单谈一谈千禧一代或许有助于阐明新生代与下一代之间的异同点。[1]

如果你们属于千禧一代，那么你们出生于 1983 年至 1996 年间，在千年之交或新千年伊始步入成年。在美国，约有 7 800 万人与你们同龄。俄克拉何马城爆炸案、科伦拜枪击案和 9·11 恐怖袭击事件很

---

〔1〕 更多关于千禧一代与财富管理的论述，参见莉萨·格雷（Lisa Gray）的《跨代财富管理》（*Generational Wealth Management*, New York, NY: Euromoney Trading, Ltd., 2010）。

有可能影响了你们的心理发展。出生于婴儿潮时期的父母和老师在家庭教育和学校教育中极为注重保护你们的自尊心，给予你们的多是赞扬而非责备。你们是当前技术发展趋势的消费者和驱动者。在面临人生选择时，你们往往倾向于将工作与生活的平衡、乐趣、意义等内在价值置于最高地位。较其他特点而言（比如控制与挑战），这些特质可能更容易让你们呈现出崛起的某些特点（比如投入与共通）。但不要绝望：正如你们在奋力找到一条属于自己的路一样，你们婴儿潮一代的父母也在尽力为你们提供这样做的空间。[1]

文化也给新生代成员带来了新的挑战。国际观察人士经常就美国年轻人明显享有的自由发表评论。相比之下，美国观察人士有时会称赞旧世界的许多年轻人表现出来的结构感或目标感。不少人已经注意到，以色列家庭倾向于以一种特殊的紧迫感来庆祝孩子人生中的重要时刻，他们担心战争或恐怖主义可能会夺走孩子的生命。我们在工作中也发现，亚洲许多家族的新生代对财富的反应与美国家族的新生代大相径庭。我们的一位亚洲客户曾说过："在我们的家族中，我们与财富作斗争，因为它似乎给每个人都带来了太多的自由，在你们的家族中，你们与财富作斗争，因为它似乎让你们之间的关系过于紧密。"同样，每种文化都有自己的仪式或过程，用于标志新生代的成长和从童年到成年的过渡。

不过，对新生代成员影响最大的或许是父母在能力与资源上的差异。这点并不奇怪，因为父母在我们生活中扮演了极为重要的角色，在我们年轻的时候尤为如此。我们想到了三种这样的能力。

---

〔1〕 参见奇普·埃斯皮诺萨（Chip Espinoza）、米克·尤克里耶（Mick Ukleja）与克雷格·鲁施（Craig Rusch）合著的《管理千禧一代》（*Managing the Millennials*，Hoboken，NJ：Wiley，2010），尽管这本书将关注重点放在了职场，但对父母也有很大的参考价值；参见简·伊赛（Jane Isay）的《如履薄冰：经营成年子女与父母之间的微妙关系》（*Walking on Egg-shells：Navigating the Delicate Relationship between Adult Children and Parents*，New York，NY：Anchor，2008）。

首先，父母有照顾你们的能力。与这种能力密切相关的是父母想要与你们保持联系。有些父母对此有强烈的需求。结果，他们也许会给予子女过多的照顾。这从表面上看对子女有所助益，但可能会带来长期的负面影响。关心与联系太少显然会造成不良后果：我们需要他人的关心与联系才能茁壮成长。太多的关心会扼杀新生代成长的能力。如果每个障碍都由父母（无论富有与否）清除，每个决定都受父母左右，那么你们永远无法独当一面。有益的挑战看起来和威胁无异。你们将缺乏从不可避免的失望中复原的能力。照顾子女是一项艰难的工作，但我们希望，父母可以将照顾新生代成员的愿望与同新生代成员保持联系的需要区别开来。

其次，我们想到了一种相关的能力：父母将你们视作独立的个体，而非自己的延伸的能力。父母很自然地会将我们视作他们的延伸。我们天生（更不用说经过后天的培养）在相貌、谈吐，甚至思维方式或行为方式上都与父母有相似之处。然而，如果父母不能将你们视作独立的个体，那么你们的崛起将变得异常艰难。倘使他们无法将自己与你们分离开来，他们则有可能想通过你们来实现自己的梦想。富有家族中创始人梦想的黑洞正是如此。黑洞几乎从不源于仇恨或怨愤。相反，它通常因爱而生。但这种爱往往是出于对自己的爱。有时候幸运的话，催生创始梦想的创造力也会让创始人珍视个体间的差异，珍视子孙后代的梦想。[1] 但这只是例外情况。对父母而言，学会在爱自己的同时将孩子视作不同于自己的个体来爱实非易事。

最后，还有一种能力，我们称之为父母中心意识或智慧。父母也会面临挑战、失望和恐惧。其中一些是日常的生活体验。其他一些，

〔1〕 有关创造力培养过程中固有的挑战，参见米哈里·奇克森特米海伊（Mihaly Csikzentmihalyi）的《创造力：心流与创新心理学》（*Creativity: Flow and the Psychology of Discovery and Invention*，New York，NY：Harper，1997）。

比如对死亡的恐惧，则更具偶发性，有着更为深远的意义。一些父母凭借复原力或智慧，在面临这些挑战时，能够更好地保持自己的中心意识或冷静。我们中那些能力较弱的人往往会将自己的焦虑或愤怒发泄到最亲近的人（我们的爱人和孩子）身上。不幸的是，这样做会破坏新生代对成长、机遇和希望的认知。如果你们看到父母哀叹自己的命运，那么你们很难感到充满希望。

克服这些挑战不无可能，但通常需要父母的努力。比如，我们曾在工作中接触过一位 50 多岁的男人，他那时刚离婚不久。分离是痛苦的，于他，别无选择。他有一个 20 岁出头的儿子。他儿子在学校过得并不顺利，和几个朋友打了架，还断绝了和母亲的联系。这位父亲因为儿子的行为找到了我们。尽管他儿子有自己的事要做，但我们很快发现他并没有缓解儿子的困境。为了减轻自己的痛苦，这位父亲一直围着儿子转，无论儿子想买什么，他都会满足，他还带儿子度奢华的假期。每当儿子做出出格的事，他都会出马解决，而不是让儿子承担后果。这位父亲很想与儿子保持联系，他倾向于将儿子视作自己的延伸，这使得他几乎不可能对这个年轻人的处境做出客观判断。他对前妻的愤怒也让他的情绪起伏不定，他儿子不知道父亲在特定情况下会作何反应。只有看到自己的需求与反复无常给孩子造成的有害影响时，这位父亲才能恢复冷静。之后，他才能让儿子靠自己努力走过人生中这段充满挑战的过渡时期。

这三种能力之所以会对新生代构成长期挑战，是因为即使不是在像离婚这样的危急时刻，我们中也极少有人能泰然自若，平衡好对自己的爱和对孩子的爱，并意识到不能有太多需求。父母往往会情绪失控，霸道专横，渴求过多，这或许是自然促使新生代努力寻找自己道路的方式。无论情况如何，我们都要以谦卑的态度来审视这些挑战。从心理学上看，为人父母与走向崛起的关键在于帮助新生代成员展现个性，也就是说，让你们成为独立的个体。说来容易，做时难！但是，正如黎明从黑暗中升起一样，我们也希望，经过这样的审视，你们感受到的不仅仅是挑战，更是机遇。毕竟，那才是崛起的意义所在。

思考题

你什么时候有过自我效能的体验？那是什么样的感觉？

第三章　自我认知

中　心

据荷马所说，在暗酒色的大海之中，坐落着奥杰吉厄岛。在那里，奥德修斯遇见了女神卡吕普索(Calypso)，卡吕普索用歌声迷住了奥德修斯，困他在岛上七年之久。女神允诺，若他愿意留下，便让他获得永生。但奥德修斯渴望回到妻子与家人身边，最终，众神之父宙斯命令卡吕普索放他离开。

荷马称奥杰吉厄为大海中心或大海之"脐"(*Odyssey* XIX. 172)。卡吕普索的名字在古希腊语中意为"隐藏"。这寓意奥杰吉厄是一个精神中心，连接着有形的生命与无形的生命之源。

希腊人将位于帕纳索斯山脚下的德尔斐神庙看作大地中心或大地之脐。奥德修斯与忒勒马科斯都没有去过德尔斐，但他们倘若行至那里，就会发现一处古老的圣地，那是古希腊时期供奉太阳神阿波罗的神庙。神庙大门上写着一句箴言："认识你自己"(*Gnothi Sauton*)。

本章主要围绕这句箴言展开，特别强调你要认识到自己是新生代的一员。在前两章中，我们笼统地谈到了你的处境。现在，我们想引导你走上自我反思的道路。这样的思考将为你的成长与发展奠定基础,我们会在第四章、第五章和结语部分对此作进一步探讨。

有时候,人们会批评寻求自我认知是一种观脐自虑。我们并不是要鼓励你盯着自己的肚脐看。但这番指责也并非全无道理。自我认知需要且会催生出一种平静或中心意识。肚脐是你身体的中心部位,是稳定的中心。它还会提醒你想起自己从何而来,这先于自我意识而存在。自我认知从来都与生活的浅显易懂和神秘莫测息息相关。[1]

内在与外在

在回答"我是谁?"这个问题时,我们每个人的脑海里都会浮现出一个理想的自我形象。这个形象可能会随着时间的推移有所变化,但它通常有一个永恒的核心,建立在经历、才能、失望和信念的基础之上。它是自我认知之旅的起点。

它也是自我认知之旅所面临的一个问题。这个自我形象不是一面镜子。它展现给你自己的可能是你想要成为的样子。有时候,它所展现的你并不如现实中的你那样迷人、聪明或能干。这个自我形象由希望、惧怕、热爱、悲伤、愤怒等情感塑造而成。但是,你想要了解的是你自己,而非由你自己创造出的一个形象。

为解决这一困难,我们鼓励你将自我认知的任务分为两部分。首先,思考那些决定你成为什么样的人的内在因素。然后,转向那些外在因素。这种划分方式并不完美,因为人们可能会将外在因素内在化,有时也可能会将主观感受投射到客观事物上。但这将帮助你迈出

〔1〕 本章将带着作为新生代一员的你踏上自我教育之路。想要更进一步了解可以用于评估自己的教育方式的特定工具,请参见杰伊·休斯的《家族,几代人间的契约》(*Family,the Compact Among Generations*,New York,NY: Bloomberg,2007,221-231)一书的第十九章。

第一步。

梦 想

在第一章中，我们谈到了创始梦想可能会对富有家族的新生代构成的危险。在第二章中，我们探讨了希望、机遇，或者说是梦想如何塑造了新生一代的性格。由此看来，我们在思考内在因素前，似乎应该先问自己这样一个问题："你的梦想是什么？"

我们不妨花些时间思考一下这个问题。我们不会想当然地认为这个问题很简单。在孩子们还小的时候，他们通常觉得说出自己的梦想并非难事，无论是想成为消防员还是想成为首席芭蕾舞演员。随着年龄的增长，谈论梦想往往会变得更加困难。有些人很幸运，总是为某项职业所吸引。但我们中大多数人都和那个曾被我们问过这个问题的 20 岁左右的年轻人一样。他回答说："每个人都告诉我要追寻自己的梦想，但要是我连自己的梦想是什么都不知道，那该怎么办？"他担心自己已经失败了。

当然，他并没有失败。梦想不是我们从商店里挑选出，从一副纸牌里寻找到，抑或从父母那里继承来的东西。"使命感"或许是对梦想最恰如其分的描述。梦想不只是由你选择而来。它会召唤你。

比如，说回我们在上文提到的那个 20 岁左右的年轻人。他有一个想当医生的妹妹。这个妹妹尤其想成为一位儿科心脏病专家。当她还是个孩子的时候，这个梦想就在召唤她。那时候，她的父母（都非医生）对此感到困惑，但还是让她追求这份不同寻常的兴趣。最终，她在大学里修读了医学预科课程，之后进入医学院，从事儿科心脏病领域的研究。与大多数医学生或实习生相比，家族财富给予了她更为舒适的生活环境，但这并没有让她投身于家族事业。最为重要的是，家族事业没有向她发出这样的召唤。

梦想的召唤，来得或早或晚。这个召唤通常不是从天空传来的一个声音。它随着时间的推移而演变。思考一下在你的过往经历中，有哪项或哪些活动让你觉得最具吸引力。你什么时候觉得自己最有活力？无论是在行动中还是在学业上，什么活动会让你忘却时间，感到身心畅达？[1] 回想一下4C模型，以及“挑战与威胁”之间的差别（见表3.1）。你会将什么活动置于挑战那一栏？又会将什么活动置于另外一栏？

表3.1　　改进的4C模型

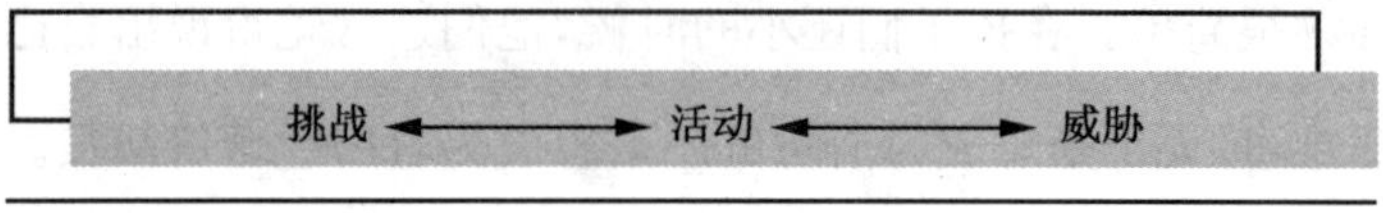

这些问题或许不会骤然揭开你的梦想。但它们可能会透露或凸显出那些引领你靠近梦想的追求。你的一些回答也许会指向你喜欢的休闲活动。其他回答可能会指向你感兴趣但从未认真考虑过要从事的工作。

探索梦想的另一种方式是仔细考虑一下有什么活动你愿意从学徒开始起步，也就是说，你愿意经历一段需要听从他人指挥的时期。（关于学徒期及其与工作之间的关系，我们将在第四章中作进一步讨论。）比如，我们认识的一位年轻女士一直认为自己应该成为医生、律师一类的专业人士。但是，每年夏天，她都会迫不及待地前往营地，花时间在那里学习求生技能、林业知识和动物畜养。尽管这些野营经历对人的要求极为严苛，她却觉得乐在其中。等到夏天结束的时候，她又会怀着沉重的心情回到学校接受“严肃”教育。谢天谢地，在她跨入20岁的大门后，她意识到自己已经在一个能发挥其技能的领域有过学徒经历。她入职了一个拓展训练组织，在那里的每一分钟都让她感到

---

[1] Mihaly Csikszentmihalyi, *Flow: the Psychology of Optimal Experience* (New York, NY: Harper, 2008).

快乐无比。同样，是家族财富让她有机会参加那些营地活动，让她可以在不陷入困顿的情况下放弃原本的职业规划。但是，这些财富并没有赋予她梦想和追寻梦想的意愿。

我们在这里提出这些问题，其目的并不是要对你的回答做出评判，而是想利用它们来收集关于你的信息。对自己的行为甚至是梦想有所怀疑是一种健康的心态，是成熟的标志。相反，犬儒主义则会切断你与工作、人际关系和梦想之间的紧密联系。[1] 最后，一定要记住，对我们中许多人而言，梦想不是一个答案。梦想是一个问题，会不断引领我们接近真正重要的东西，梦想本身可能会随着时间的推移发展和变化。

C. P. 卡瓦菲(C. P. Cavafy)的伟大诗篇《伊萨卡》(“Ithaca”)指出了这一点。这首诗写给未来的奥德修斯，他刚刚踏上回归故乡伊萨卡岛的征途：

当你启程前往伊萨卡，

祈愿你的旅途漫长，

充满奇遇，充满知识。

这个开头是有违直觉的：奥德修斯漫长的漂泊怎么会是一件好事呢？认为旅程应该尽早结束的看法有时与新生代成员对自己的期望(或被寄予的期望)相一致：我现在就应该知道自己的梦想，并去实现它，如果我没有，我就是一个失败者。

之后，诗人描写了听者在旅途中可能会遇到的美妙的景象、声音，甚至是气味。他总结道：

时时记住伊萨卡。

抵达那里是你此行的目的。

---

〔1〕 想了解怀疑主义与犬儒主义之间的更多区别，请参见休斯的《家族，几代人间的契约》(pp. 258-259)。

但绝不要行路匆匆。

最好你能走上数年；

年华老去后才抛锚泊岸，

满载沿途的收获，

不要期盼伊萨卡会予你财富。

伊萨卡已经给了你奇妙的旅程：

没有她，你永远不会起身出发。

现在她再也无物可赠你。

伊萨卡不曾欺骗你，即使你发现她一片贫瘠。

如今的你见多识广，

自会明白伊萨卡的真谛所在。[1]

伊萨卡是你的梦想。你的起点不在那里。你的出发地与目的地相距遥远。有时候，你只能隐约看到或在脑海中想象伊萨卡。在卡瓦菲看来，目的地并不重要，这段旅程才是关键所在。你的梦想——伊萨卡，给了你一个追寻这段“奇妙旅程”的理由。你获得的财富是这段旅程本身，你收获的是经历，而非金钱。

优势与障碍

我们继续将关注点放在内在因素上，接下来思考一下你的优势所在。你擅长什么？你有什么地方为人所称赞？你取得的最大成功是什么？“最大”一词在此处的意思由你决定。它可以是世人眼中的巨大成就，也可以是极为隐秘的个人成绩。我们认识的新生代成员中有些会用体育或学术成就来定义自己的成功。还有一些则认为关爱兄弟姐妹或善待朋友也是一种成功。

---

〔1〕 C. P. Cavafy, *The Collected Poems*, E. Sachperoglou, trans. (New York, NY: Oxford, 2007), 37-39.

我们每个人都各有所长。自我认知不仅需要客观判断自己的优势，还需要给予它们适当的位置。我们的教育体系极为重视对自尊心的保护，这意味着我们中大多数人在成长过程中会听到许多对我们优点（或真实存在，或看似存在）的称赞之词。对自尊心的关注有助于避免批评或指责带来的内心痛苦。但这也可能造成我们过于看重他人的褒奖。

这种做法会带来两个问题。首先，我们身上为他人所赞赏的优点也许并不能让我们过上快乐的生活。比如，我们认识的一位年轻女士曾多次听父母说过，她的爱心、责任心和对细节的体察入微终有一天会让她成为一位杰出的家族基金会主席。但如果这些优点能让她成为一名更快乐的医生，那么她该如何抉择呢？其次，他人的褒奖只会给你极大的满足感，而满足感通常会随着时间的推移而淡去。[1] 不要让自己因优点而受到惩罚。

抛开优点不谈，什么是阻碍你发展的内在障碍？你是否持有一些会拖你后腿的看法？我们每个人对自己和周遭世界都有根深蒂固的信念。比如，我们认识的一个年轻人由衷地相信，如果自己离家独自闯荡，那么他将无法维持现在享有的生活方式。一位防备心很强的年轻女士在和我们多次交谈后告诉我们，她担心别人和她在一起只是为了她的钱，而不是为了她这个人。诸如"我不够好"或"人们爱的是我的钱，而不是我"之类我们中大多数人通常不会有的信念，又催生出了一些想法、感受和行为。改变这些根深蒂固的信念并非易事。这需要时间和反思。

自我反思可以从观察自己的行为和感受开始。它们就像是你信念的冰山一角（见图 3.1）。它们透露出你对自己和世界有怎样的看

---

〔1〕 可参见丹尼尔·卡尼曼(Daniel Kahneman)与安格斯·迪顿(Angus Deaton)合作的论文《高收入提升生活质量而非内心幸福感》("High Income Improves Evaluation of Life but Not Emotional Well-Being"), *PNAS* 107(38) (September 21,2010),16489-16493.

法？同样，你也可以观察自己那些无意识的想法，那些毫不费力就跳入你脑海的主意或主张。它们告诉了你什么？从这些观察中，你可以找寻到自己的信念。以下一些问题或许会对你的反思有所助益：

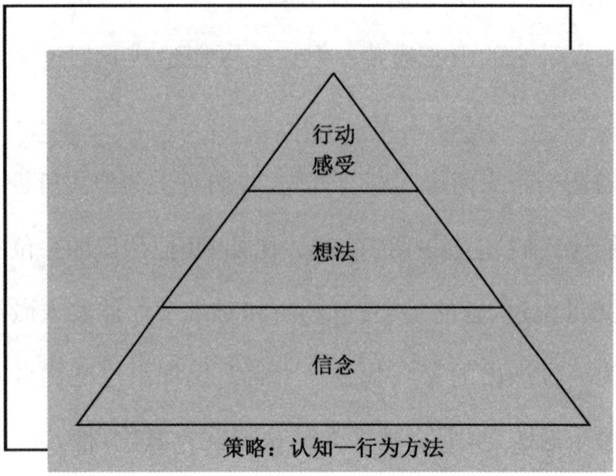

图 3.1　认知—行为三角

● 你对自己有怎样的看法？你是自己最好的朋友还是最大的敌人？你相信自己能应对生活中的挑战吗？还是说你觉得自己不足以担当此任？

● 你对世界有怎样的看法？这是一个值得信任的安全之地吗？这是一个人与人之间会互相帮助的地方吗？你认为情况会随着时间的推移变得更好还是更糟？

● 你的信念对你有益还是有害？

个性化

到目前为止，我们一直将关注点放在个人的内在身份（梦想、优势和障碍）上。反思心理发展过程也同样重要。你的身份会随着你的成长不断改变。在成长过程中，自我定位是自我认知的一部分。

精神分析学家埃里克·埃里克森(Erik Erikson)将人的心理发展分为八个阶段。[1] 每个发展阶段都存在一个冲突或危机，只有前一阶段的问题得到解决后，我们才能顺利进入下一阶段。在与富有家族共事的数年里，我们在埃里克森的八阶段理论的基础上衍生出了以下发展历程，我们列出了每个阶段特有的活动或里程碑事件：

挣脱束缚

离家，关注同辈，初展羽翼，孤独，坚守目标，改变生活方式，挑战家族伦理，结交新朋友。

筑造巢穴

寻求认同，得遇知己，结婚，醉心权力，心怀远大梦想，做出承诺，承担责任，开启职业生涯，朝向目标努力，遵守规矩，找到导师，生儿育女。

四下张望

提出问题，认识到使人痛苦的局限性，积累财富，攀登事业高峰，婚姻满意度可能下降，安定下来，渴望自由，询问“我该如何面对生活?”

中年重生

死亡意识增强，体力下降，情绪波动，子女进入青春期，寻找新朋友，疑惑加深，换工作，经历二度青春期，感到孤独，可能离婚，再婚，压力重重，重塑生活格局，重新学会休闲。

投入生活

重新安排生活，安定下来，按照新的价值观行事，注重人而非财富或权力，结交几个好友，最后一个孩子离家，为人祖父母，财务更加自由，享受生活，空巢，失去梦想。

---

〔1〕 Erik Erikson, *Childhood and Society* (New York, NY: Norton, 1993); Erik and Joan Erikson, *The Life-Cycle Completed* (New York, NY: Norton, 1998); and C. G. Jung, *Symbols of Transformation*, Gerhard Adler and R. F. C. Hull, trans. (Princeton, NJ: Princeton University Press, 1977).

升华智慧

性情和缓，阅历丰富，信守对自己与他人的承诺，更加富有，简化生活，适应局限性，精力不济，面临财务压力，退休，安于平静，认识自我，接受自我，面对死亡。

迟暮之年

孤独，从规则中解脱，依赖曾依赖于你的人，思维敏捷/身体衰退，身体健康/思维衰退，失去伴侣与朋友，安排临终事宜，感到安宁和通透。

当你审视这些阶段时，请思考并简要回答以下问题：

- 你现在处在成年期发展的哪个阶段？
- 你人生中还有其他什么重要的发展阶段？
- 你在当前发展阶段面临什么样的特殊挑战？你打算如何解决？

读者中许多新生代成员很可能正处于上述前三个阶段中的某个阶段。在家族里彰显你的个性是这一时期的要务。个性化意味着你既要从原生家庭脱离出来（有时是地理层面、社交层面，有时甚至是你的信仰或行为），又要建立自我认同感。

个性化涉及一种微妙的平衡。分离不是抛弃。分离并不意味着将你的原生家庭抛诸脑后。建立自我认同感通常需要对家庭关系进行解构与重构。青春期与成年早期的坎坷经历都是成年后终将回归家庭的必经之路。[1]

如果财富在家庭生活中发挥着重要作用，那么实现这种平衡往往更为不易。创始梦想可能让你很难建立较高的自我认同感。此外，信托、企业、家族宅邸、家族慈善事业等因素也会令分离变得困难重重。对工薪阶级或中产阶级家庭而言，分离是理所当然的事：与住在父母

---

〔1〕 更多关于“解构与重构”家庭、财务与法律关系的论述，请参见我们的同事塞耶·威利斯（Thayer Willis）所著的《超越财富：继承人的真正财富》（*Beyond Gold: True Wealth for Inheritors*, Portland, OR: New Concord Press, 2012）。

家的地下室相比，步入社会更具吸引力。

相较之下，在富有家族长大的新生代成员可能体会不到彰显个性的必要性，甚至不知道存在个性化发展的可能性。记得我们在第一章中用到过青蛙的形象。那只青蛙被投入锅中慢慢加热，它的问题在于对自己和周围环境毫不知情。待在那口锅里很舒服(至少眼下是这样)。它在温暖的水中悠然自得。它或许会感到无聊，会觉得行动力有所下降，但似乎没有必要跳到锅外。试想一下，在慢慢加热锅中水的同时，再给那只青蛙喂些美味的食物。如果它能在被彻底煮熟前做出跳进冰冷世界的决定，那倒是件令人惊讶的事。

记住这只青蛙的形象，花些时间问自己几个问题：我知道个性化意味着什么吗？我的家人、朋友中有谁成功彰显了自己的个性？我对成为一个有个性的人有怎样的看法？

外在因素

你头脑中的想法可能是决定你成为什么样的人最为重要的因素。但外在因素发挥的作用也不可忽视。在寻求自我认知的过程中，还需要考虑这些外在因素：

- 地理。你在什么地方长大？当地的人和风俗如何影响了你的想法？再想远一点，你认为你在哪里可以获得最大的幸福。

- 人口。你什么时候成年？哪些公共事件给你留下了最深刻的记忆？

- 家人。你父母能否将同你保持联系的需要与照顾你的愿望区别开来？他们将你视作独立的个体还是自己的延伸？他们是否向你展示了冷静和中心意识？

- 社交生活。谁是你真正的朋友？他们是什么样的人？他们唤醒了你的哪一面？

● 金融财富。如果你的家族很富有，那么你是何时意识到这一点的呢？那种体验带给你的影响是正面的还是负面的？金钱让你在哪些方面过得更好？它给你造成了哪些问题？[1]

我们发现图 3.2 至图 3.4 对回答最后一个问题很有帮助，可以说明你在守护他人梦想和追寻个人梦想上花了多少精力。

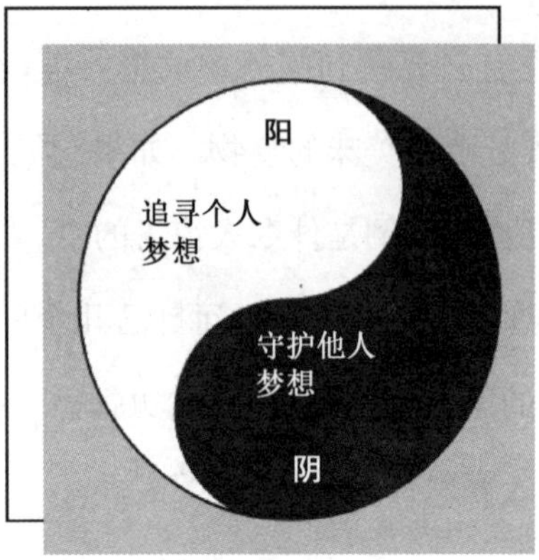

图 3.2　阴阳平衡的第二代之旅

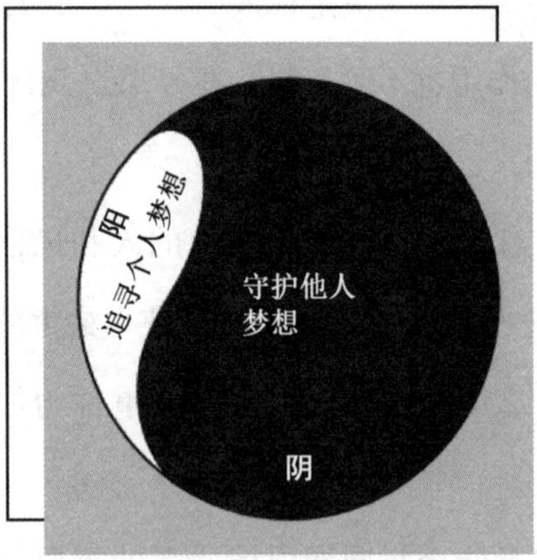

图 3.3　造成不自由与痛苦的阴阳失衡

---

〔1〕 对这个问题的有益思考和深入探究，请参见我们的同事吉姆·格鲁伯曼（Jim Grubman）早前出版的《天堂里的陌生人：如何让家族财富代代流传》（*Strangers in Paradise: How Families Adapt to Wealth across Generations*, Sarasota, FL: Family Wealth Consulting, 2013）。

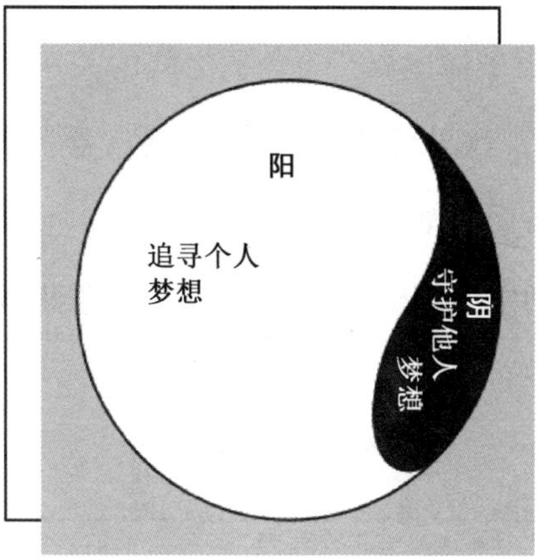

图 3.4　带来更多自由与幸福的阴阳失衡

第一个圆圈表示家族梦想与你的个人梦想相互平衡。第二个圆圈展现了常会出现的一种情形：创始梦想凌驾于权力之上，几乎浇灭了个人梦想。有些人可能会觉得第三个圆圈很有吸引力，因为个人梦想让创始梦想黯然失色。事实上，在人生的不同阶段，创始梦想的地位高低可能会发生一定变化。阴阳理论表明，无论是家族梦想还是你的个人梦想，都不会消失殆尽。无论你现在身在何处，个性化发展的关键任务都是在你的来路与去途之间找到一种平衡。

资产负债表

我们希望，本章中的问题和练习可以增进你对自己的了解。如果能以某种方式记录你的见解，评估你的进步，那么对你将有所裨益。为此，我们改编了杰伊·休斯约于 20 年前首次同读者分享的家族资产负债表。[1] 该工具迄今仍发挥着重要作用，这表明尽管各种工具可能会随着时间的推移而有所变动，但人类的本性与需求始终不曾

〔1〕 James E. Hughes, *Family Wealth* (New York, NY: Bloomberg, 2004), 57-61.

改变。

资产负债表用于描述资产与负债之间的关系。如果资产大于负债,则权益为正值。如果负债大于资产,则权益为负值,破产风险增大。大多数资产负债表都是财务报表。表 3.2 所示的个人资产负债表侧重于对生活的定性分析,而非定量分析。花些时间思考一下前面的模板,尽可能填写一张你自己的资产负债表。

表 3.2　　个人资产负债表

资产	负债	权益
你的梦想?	其他人的梦想凌驾于你的梦想之上?	成长(绝望)
你的优势?	你的障碍?	自我效能(无能)
积极信念?	消极信念?	弹性(刚性)
个性化?	纠缠型?	独立(依赖)
地理优势?	地理局限性?	净值?
人口优势?	人口局限性?	净值?
父母优势?	父母局限性?	净值?
朋友优势?	朋友局限性?	净值?
财富优势?	财富局限性?	净值?
“查考边界”?	在“黑洞”之中?	崛起(衰落)

在完成这项练习后,你可以看一看自己在权益一栏里列出的项目。有多少是正面的?有多少是负面的?我们在这里必须认识到,相较于优势和其他优良品质,我们中大多数人更为关注自己所感知到的错误或失败。我们称这种倾向为“选择性消极关注”。我们鼓励你反其道而行之,采取“选择性积极关注”的态度,努力以一种富有成效的方式来增加你的资产,减少你的负债。

为达到这个目的,你可以利用权益一栏,尝试总结一下自己在人力资本上拥有的权益。这样的总结可以提醒你自己目前取得了哪些成绩,还可以在哪些方面有所发展。而且,你将拥有个人资产负债表的当前记录,以后再做这项练习时可以此作为参考。

有时候,当我们为家族提供服务时,我们会在家族会议上邀请家族成员以小组为单位填写他们的资产负债表。比如,我们曾合作过一个由父母亲和四个正处于人生奥德赛岁月的成年子女组成的家族。首先,我们同他们一一进行了交流,了解了他们各自的想法和关注点,发现壮大家族人力资本是他们共同的目标。然后,我们将他们召集到一起开家族会议,我们给他们每个人发了一张个人资产负债表,让他们花十分钟写下自己的想法。之后,我们将他们分为三组,每组两人。组内成员每人花五分钟简要介绍自己的资产负债表,当一个人发言时,另一个人在一旁倾听。小组会议结束后,我们让他们以小组为单位重新回到一起开会,请每个人同大家分享自己从小组另一个成员那里听到的信息。每位家族成员都有机会对同组倾听者分享的内容加以补充。我们对每个人的发言都做了记录,在一轮分享结束后,我们和家族成员花了大约一个小时的时间,将这些记录整合成一份家族人力资产负债表的总结报告。从家族成员的教育成就、工作经历、人际关系,以及最为重要的梦想来看,这一做法取得了令人叹服的成果。但更为重要的是,家族成员可以借此机会相互倾听、相互理解、相互肯定。这项练习为今后个人取得的诸多骄人成绩和家族成功召开的诸多会议奠定了基础。

思考题

你对自己、他人或予你以力量的世界持有什么样的信念?

第四章　迎浪而上

逃　离

在女神雅典娜的建议下，忒勒马科斯打算离家寻找父亲。他召集了伊萨卡的贵族，向他们发表了演说，力促他们支持自己的寻父之旅。他认为，自己作为奥德修斯之子与继承人的身份可以左右他们的立场。尽管父亲的几位旧交听从了他的想法，但大多数领主都对忒勒马科斯嗤之以鼻，甚至威胁要让他闭嘴。忒勒马科斯意识到，坦诚直言让自己陷于危险之中。当天晚上，他悄悄离开了伊萨卡岛，前往希腊大陆寻找奥德修斯。

忒勒马科斯在这场意外之旅中受益良多。他在危险面前历练了胆识。他认识到尊重他人信念与做法的重要性。或许由于在家的痛苦经历，使得他具备了一种非凡的能力，能够在拜访领主与夫人时，同他们礼貌得体地交谈。作为一个从小与世隔绝的人〔1〕，他与几个年

〔1〕 与世隔绝既有其积极的一面，也有其消极的一面。奥德修斯在说起故乡伊萨卡时，或许想到了忒勒马科斯："我的家乡伊萨卡坐落在大海之中……小岛虽然崎岖，但适宜年轻人成长；我从未见过还有比它更可爱的地方……"*Odyssey* IX, Robert Fitzgerald, trans. (NewYork, NY: FSG, 1961), 146.

轻人结下了极为深厚的友谊。因为他必须仰赖他人的好意与款待，所以他学会了谦逊。匆匆离家也让他学会了自力更生。

或许我们从忒勒马科斯的旅程中学到的最重要的一点是，想要培养这些能力，忒勒马科斯就必须逃离。他在家中处境危险，不仅面临求婚者的威胁，还为骄傲自满所害。他过得并不如意。但他几乎没有机会或动力来改善自己的处境。他就像那口锅中的青蛙，即使感到有所不适，也无力改变。

本章将从对自我认知的追求谈到对复原力的培养。这二者息息相关。你如果不知道自己的优势、弱势与梦想，就难以培养复原力。反之，应对挑战与培养复原力会在很大程度上增进你对自己的了解。

之所以在谈到这个话题时以忒勒马科斯为例，不只是因为他一路上都在战胜挑战与培养新能力。他还提醒我们，这样的发展需要空间。有时候，父母出于好心会送孩子参加各种项目或训练营学习新技能。这些项目确实发挥了一定的作用。但它们通常在黑洞的引力范围内运作，在费用由黑洞的资源支付，且参与者并未投入情感或金钱的情况下尤为如此。学习那些你只是略感兴趣的财富方面的业务或技能并不会提升你的复原力，反而会让你陷入沉默。还有一种方法可以解决这个问题，但它要求你，像忒勒马科斯那样，先纵身一跃，踏上属于自己的路。

跨　越

你觉得那一跃是什么？就如何培养复原力而言，在我们分享自己的看法之前，你要先判明自己的方向。本书旨在让你做回真正的自己，发挥能力，走向崛起。你认为这些目标需要靠什么来实现呢？

或许和忒勒马科斯一样，你现在最需要的是些许空间。父母往往很难理解这一点。我们的一位客户形象地描述了这一挑战。父母总想保护自己的孩子，有时付出一切代价也在所不惜。他们将孩子看成高空吊架上的杂技演员，从一个挑战飞向另一个挑战。他们希望将风险降到最低，确保时机完美，孩子总能抓住吊架。但是，这位客户表示，大多数家长会忘记，正是松开摇摆不定的吊架，飞向另一处的那一刻，杂技演员感觉最为自由。如果父母消除了所有的风险，那么他们也会断送那一刻的自由。

正是那一刻的自由让杂技演员得以抓住下一根吊架。你摆脱黑洞的引力，跃向自己的生活，这是自由的体现。复原力是对这一点的不断重申。

工　作

当谈到新生代和财富时，工作是一个常被提及但屡遭误解的话题。我们试图从以下两个重要方面简化这个问题。

首先，当我们在金融财富的背景下谈论工作时，我们谈论的是一种非常特殊的情况：投身工作而无需赚钱，也就是说，不存在驱动大多数人工作的经济需求。即使你的父母不打算将所有财富留给你，即使他们像沃伦·巴菲特或比尔·盖茨那样只计划留给你“区区”数百万或数十万美元，即使他们仅为你提供了无需为债务所累的生活，作为继承者的你也已经拥有了比世界上大多数居民更为优越的经济条件。沃伦·巴菲特曾说过，他打算留给孩子“足够多的钱，让他们能够做任何事，但不会多到让他们不用做任何事”。这是一个值得称道的目标。但即使是这样温和的立场也在很大程度上消除了工作背后的经济需求。如果你身处这样的环境，那么你必须从一开始就承认这一事实。

其次，当我们谈论工作时，我们会想到伟大的心理学家西格蒙德·弗洛伊德(Sigmund Freud)的名言,在他看来,人类生活的主要动机是“爱与劳动”。[1](我们将在本章的下一节讨论“爱”这个话题。)弗洛伊德的见解表明,劳动不只与工资有关。工作对于丰富人类生活而言至关重要,经济收益在其中占了很大比重。即使工作不是出于你的经济需求,也是出于人类的本性。[2]

考虑到这两点,实际的问题在于:你如何在无需靠工作来谋生的现状下满足你对工作的需求?

对于这个问题,给出一个明智的答案变得愈发困难,因为在当今世界,工作的意义令人困惑不解。一方面,现在许多人几乎将所有的活动都变成了工作。我们有知识工作者。父母在家里工作。孩子的工作是在学校好好表现。我们都必须处理好人际关系。工作占据了生活的全部。另一方面,许多人想要消除工作与个人满足感之间的界限。我们的工作应该充满乐趣。公司不仅给员工提供休息时间,还提供按摩服务、乒乓球台和集体出游。许多人将工作的意义摆在第一位,从这个意义上说,工作应该带给他们极大的个人满足感,应该体现他们自己的使命感。如果以这样的眼光来看待工作,那么服务他人的繁重乏味的苦差事似乎神秘消失了。

同任何令人困惑的情形一样,双方所言都各有道理。因此,你的任务就是根据自己的处境和能力,尽可能细致深入地回答这个实际问题。

为帮助你做到这一点,我们对工作下了如下定义,希望能对你的想法与选择有所指引:工作是任何能挑战和考验你能力的活动,既要你奉献,又要满足他人的真正需要。接下来,我们将对此做进一步的

---

〔1〕 更多从分析却极为实用的视角对这一观点的论述,请参见朱迪斯·斯特恩·佩克的《金钱与意义》(*Money and Meaning*,Hoboken,NJ: Wiley,2007)。

〔2〕 Howard Gardner, Mihaly Cziskzentmihalyi, and William Damon, *Good Work* (New York,NY: Basic Books,2002).

思考,并通过一些故事阐明我们想表达的意思。

工作最基本的特点是具有挑战性。对一些新生代成员而言,工作带来的第一个挑战或许是要你离开父母的羽翼,听从那些和你并无关系,甚至你可能都不喜欢的人。暑期工作是获得这方面经验的可靠途径。此外,你可能还要承认自己技不如人,接受技艺不精带来的微薄补偿。但你可以从中体会到迎接挑战的积极意义。即使你不需要钱,一份菲薄的薪水也蕴含着不可估量的价值:它真正属于你自己。它是你应得的报酬。

如果你记住工作是挑战你能力的活动,就可以避免富有家族常会陷入的一些困境。比如,有时候,父母会在家族办公室或家族基金会里为在他们看来尚未找到自我的新生代成员新设一个职位。在其他时候,这样的职位会被视作安慰奖。这些行为将工作与职位、头衔和薪资画上了等号。这份工作可能只是人为创造出的工作,或者它所涉及的挑战与你在人生那个阶段要面对的挑战并不一致。

让新生代成员管理家族资产是一种常见的情况。我们认识一位年轻女士,她毕业于常春藤盟校,拥有 MBA 学位,在家族企业中身居要职。在企业转让后,她开始担任家族财富的管家一职。“毕竟,总要有人做这件事!”她如此说道。做这份工作需要尽心尽责、公正无私。这份工作将个人利益与对父母、兄弟姐妹和子孙后代的关切结合在一起。它给了这位女士一个听上去不错的头衔,使其有机会参加豪华的投资者会议,并为其赢得了各类顾问的尊重与关注。然而,她开始怀疑,这份工作能否真正发挥自己的全部才能。她对此感到了厌倦。管家的工作很崇高,但它是你的工作吗?

类似的情形也会出现在家族基金会。我们认识的一家人卖掉了他们著名的科技公司,负责公司运营的女儿因此失去了职位。她闲散了几个月,直到父母宣布她将成为家族基金会的新任主席。起初,她举步维艰。慈善事业定性的“软指标”同她习惯于处理的定量、有形的投入与产出相去甚远。幸而她态度谦逊，努力学习并深入了解了慈善双方（赠与者与接受者）的动机与需求。她适应了新的工作，从中为自己找到了挑战，并没有让它仅仅成为一种安慰。

这里的重点不是让你逃避在家族基金会、家族企业或家族办公室工作。有时候，这样的工作会非常适合你。更确切地说，你应该寻求能真正挑战你能力的工作。如果一个职位只是徒有其名，虽能保证你收入无忧，却与你的梦想与激情没有真正的交集，它就不能满足人类对做好工作的需求。

除具有挑战外，工作还需要奉献和训练或过去所谓的“学徒期”。传统的职业通道是从学徒（跟随一位师傅），到熟练工人（持有独立工作的许可证），再到师傅（既能自己工作，又能教导他人）。这条发展通道在某种程度上仍存在于各类手工业和法律、医学、教育、神职等崇高的行业。在其他领域，学徒制的形式可以多种多样。你的任务是要找到与你心仪的工作相匹配的形式并由衷地接受它。

以我们认识的一个年轻人为例，他曾在大学三年级的时候担任过校长助理。当他刚开始工作时，他以为自己会撰写重要的演讲稿或政策文件。然而，校长只是让他写感谢函和记好笔记。随着时间的推移，校长开始让自己年轻的助手起草更多有实质内容的信件，甚至让他撰写演讲稿。尽管校长的时间很宝贵，但还是对这个年轻人的草稿做了详细的批注，一封信或一篇简短的演讲稿经常会被修改四次、五次，甚至六次。这是真正的写作训练。尽管这个年轻人没有进入高等教育管理领域，但这段学徒生涯对他日后的工作大有裨益。这段经历教会了他谦虚、奉献、吃苦耐劳、关注细节、以好的产品为荣和尊重出类拔萃的能力，还让他的英语语法水平上了一个新台阶。

经营实业的家族往往能直观地认识到学徒期的重要性。据我们所知，一个从事商业地产生意的家族会召集新生代成员来给公寓刷漆或做一些简单的维修工作。还有一个做酒类经销生意的家族会在节前旺季叫来零售店里的所有表亲，让他们打包和拆包货品。这两个家族都未将这些工作看作在商业地产管理或酒类经销领域谋得职位的必经之路。他们利用这些工作培养新生代成员的奉献精神，认为新生代成员无论选择何种职业，都会从中有所受益。

即便如此，实业家族或财富家族有时也会试图“帮助”新生代成员跳过学徒阶段。我们知道，一些家族会让刚毕业的大学生担任家族企业的管理职位。或者，更为夸张的是，父母有时会为十八九岁或二十几岁的成年子女提供机会，让他们用家族的金融资本创办自己的企业。这些决定并没有将商业得失置于首位。更确切地说，父母往往认为，从事这样的工作或创办一家企业能让新生代成员养成良好的习惯，具备优秀的品行。

比如，我们认识一位在制造业产品包装领域成就斐然的企业家。他在儿子身上投入了很大的心血，希望儿子有朝一日也能成为一名企业家。无论儿子想要什么，他都会满足。然而，儿子在学校里过得并不顺利，他不愿意完成作业，最终决定不去念大学。没有大学文凭，他自然无法靠自己找到理想的工作。因此，他的父亲给了他几百万美元，让他创办了自己的制造公司，由他父亲担任董事长。无论从经济角度还是从父子关系来看，这都不是一个成功的案例。

我们无意否认新生代成员有时会在小小年纪就显现出企业家的才能。这不足为奇。研究表明，企业家精神会通过基因遗传给下一代，企业家基因可以在成功的家族内部自我再生。[1] 但即使你带有这种基因，学徒期的价值也不会丧失殆尽。事实上，它让学徒期的重要性更为凸显。正因如此，许多历经几代传承的家族企业都采取了一种最佳做法，要求希望加入家族企业的新生代成员必须先在其他地方至少工作几年并获得晋升。[2] 胜任要职需要的不仅仅是好的出身。同样，创业需要的不仅仅是金钱。这些行动需要经年累月的准备。没有切身经验就试图承担这样的角色，就像忒勒马科斯没有历尽艰辛就试图登上伊萨卡的王座一样。

总之，不经历学徒期就驾驭不了工作，驾驭不了工作就无法享受工作的乐趣。[3] 如果一个人从未在任何一个领域当过学徒，那么他会发现自己很难入行，很难在一项工作上坚持下去并做出一番成绩。

我们在上文中着重指出，工作的第三个特点在于满足他人的真正需要。就这点而言，我们不只是从请示报告的层面说你可以为他人工作——毕竟，你可能会决定自主创业——而是说真正的工作会对他人有益。它不仅仅是自我娱乐。无论是投资银行、公共关系、科学研究、医学还是社会服务，工作都会产生一些他人看重的价值。工作之所以成为工作，正是因为他人发现了它的可贵之处。即使是最喜欢独处或表面自私的员工——比如专注于电子数据表的投资分析师——也会产生他人想要的某种价值。这就是为什么他们的公司或客户会付给他们报酬。体育运动则与之相反。体育运动具有挑战性，需要学习或

---

〔1〕 有关这一观点的有力论述，请参见斯科特·沙恩(Scott Shane)所著的《天生的企业家，天生的领导者：基因如何影响你的工作生涯》(*Born Entrepreneurs, Born Leaders: How Your Genes Affect Your Work Life*, New York, NY: Oxford University Press, 2010)和詹姆斯·L. 费希尔(James L. Fisher)与詹姆斯·V. 科赫(James V. Koch)合著的《与生俱来，而非后天造就：企业家特质》(*Born, Not Made: the Entrepreneurial Personality*, New York, NY: Praeger, 2008)。

〔2〕 家族企业的这一最佳做法已经经受了时间的检验，日益成为新的研究主题。关于这一领域的开创性研究，请参见我们的同事丹尼斯·贾菲所著的《好运气：打造百年家族企业》(*Good Fortune: Building a Hundred Year Family Enterprise*, Boston, MA: Wise Counsel Research, 2013)。

〔3〕 Gardner, Cziskzentmihalyi, and Damon(2002).

训练。但除非你是一名职业运动员，否则体育运动只能满足你对娱乐、放松和健身的需求，而不能满足他人的需要。工作与娱乐消遣的区别在于前者将他人的利益与需要置于自己的利益与需要之上。因此，工作不仅注重实践，而且费心费力。考虑他人的需要，将他人的需要置于你自己的需要之上，或至少对二者一视同仁，这实非易事。

如果你在一个富有的家族长大，那么你尤其要记住这一点。在这样的环境下，你可能更习惯于他人为你做事，而不是你为他人做事。而且，富有的父母总是竭尽所能地想要丰富孩子的阅历。因此，你可能会将时间花在夏令营、音乐课、运动房等地方，而不会去打暑期工或做课外兼职。这些活动并没有什么不妥：它们确实有利于你的发展。但如果丰富多彩的生活剥夺了你为他人工作的机会，那么它也会剥夺工作对你的意义。这样的经历也许不会充实你的生活，反倒会让你变得贫乏。生活在这个世界里，你可能会忘记，社会不可能长期容忍彻头彻尾的有闲阶级，也就是只满足自己需要而不为他人利益服务的阶级。工作是一种互惠互利的公平交换，它将市场与社会联系在一起。

这就是为什么富有家族的新生代成员有时会被说成是专职学生。对他们而言，念五六年大学或拿两三个学位实属常见。教育本身是一件很好的事。但如果你发现自己在漫无目的地追求学业，就有必要问一问自己："我之所以继续学业，是因为我认为这样做会让我过上更好的生活并造福他人吗？还是说我在逃避什么？"毕竟，课堂与实际工作之间存在一条巨大的鸿沟。在课堂上，我们周围都是善意的老师（我们希望如此），他们努力教导我们，其出发点是为了我们好。在工作中，我们需要利用自己的知识和能力惠益他人。这二者的区别不只在于理论与实践的差异，而且在于是为自己的利益服务还是为他人的利益服务。

为了更形象地说明这一区别，我们想起了一位出身豪门的年轻女士，她的理想是成为一名教师。到25岁左右时，她唯一的教学经历只是研究生院的实习课，这样的工作环境相对受控。她决定检验一下自己，于是在一所平民学校找到了一份工作——这是她在缺乏经验的情况下所能找到的最好的工作。在那所学校教书很是辛苦。学生、学生家庭、同事和实际环境都同从小养尊处优的她此前的认知大相径庭。不过，作为一名教师和一位年轻女士，她坚持了下来并练就了强大的复原力。她意识到，尽管做学生很享受，但真正在工作中获得成就感需要跳出自我教育的茧，迎接教育他人的挑战。

从这个例子中可以看出，新生代成员的父母能做些什么来帮助子女完成工作，应对挑战。这位年轻女士的父母轻轻松松给她的零用钱本就可以超过一名新手教师的薪水，但他们不想夺走她在自食其力之初的满足感。与此同时，他们担心她住在学校周边，那片街区相当危险。他们同她谈了这方面的顾虑，并一起想出了一个计划。她的父母每月会补贴她一笔钱，刚好够她在一个更安全的地方租住一间公寓。在她的父母看来，女儿的工作是成为一名好老师，而不是避免遭遇抢劫。他们的经济支持与其说是补贴了她的生活，倒不如说是提升了她的人生价值，因为这让她可以做自己真正想做的工作。

以这种方式看待工作有助于解开一个困扰了富有家族许多成员包括新生代成员在内的谜题。如果你家财万贯，那为什么不成日度假？正如一位家族成员对我们所说的那样(他那时40多岁，其家族几年前就已经出售了成功的家族企业)："孩子们问我在做什么，我说我退休了。现在我意识到，他们出生时就已经退休了。"这种情况给他的感觉并不好。他认为自己让孩子们失去了一段重要经历，而自己的人生道路也就此中断了。

这是因为度假、退休或一般的消遣确实富有乐趣且极为必要，能让我们暂时从工作中解脱出来。工作会让我们感到疲惫。我们需要休息。但如果你从不工作，那么你永远也享受不到休息的乐趣。在这种情况下，一场接一场的休假或娱乐活动可能会让你觉得单调乏味。你似乎在度一个永无止境的周末。这样的生活变得和任何没有前途的工作一样令人厌烦。

这就是工作之所以重要的另一个原因。倘若你不工作，你就难以享受停工的意趣。但工作与休息之间的联系也指向了最后一个重要的考量因素。如果休息真的是为了更好地工作（因为休息给了我们喘息的机会），如果工作将他人的需要或利益置于我们自己的需要或利益之上，那么这对我们又有什么好处呢？世界是一个巨大的仓鼠转轮，我们为彼此的利益服务，稍作休息，然后又开始转圈吗？这听起来似乎解释了为什么我们终将有枯燥乏味之感。

如果你不是为了满足自己的需要（养家糊口）而工作，那么这个问题就更为尖锐。为了解决这个问题，从古至今，思想家们假设了工作与休息之外的第三种状态：有序闲暇状态。[1] 闲暇如今声名不佳。对工作铺天盖地的赞扬之声让闲暇听上去与懒惰无异。但事实上，闲暇与懒惰恰恰相反。合理利用闲暇时间可能是你人生面临的一大挑战。有序闲暇并不意味着干坐着看电视。它会培养你的能力，这不仅能让他人受益（比如在工作中），也会让你活得更快乐精彩。充实闲暇时间不仅意味着做有用之事，也意味着赏美好之物。它不仅意味着弄清楚可行之事，也意味着折服于真实之物。

读到这里，你会发现，作为作者与顾问，我们对人力资本的关注程度远超金融资本。但这正是我们赋予金融资本真正效用的地方。在我们看来，有序闲暇的可能性——而不仅仅是无休止的工作与娱

---

〔1〕 Aristotle, *Nicomachean Ethics*, Joseph Sachs, trans. (Newburyport, MA: Focus Press, 2002), Book Ⅹ, chapter 7; Thomas Aquinas, *Commentary on the Metaphysics*, John P. Rowan, trans. (New York: Dumb Ox Books, 1995), I. t. lect. 3; and Josef Pieper, *Leisure: the Basis of Culture* (New York, NY: Ignatius Press, 2009).

乐——是金融财富的最佳佐证。但你若没有认识到工作的重要性，就很难认识到极有可能存在的有序闲暇。

关 系

现在让我们将话题从弗洛伊德所说的“劳动”转向他眼中的“爱”。古往今来，人际关系一直是新生代成员的一大关注点。2 500 年前，亚里士多德（Aristotle）曾评论说年轻人很容易结交朋友和发展友谊。[1] 如今，“结交（朋友）”与“喜欢（别人）”已经成为无处不在的动词。

人际关系对新生代的重要性带来了一个至关重要的问题：你如何明智地选择你想与之共度下个月、下一年，甚至可能是余生的朋友或伴侣？尽管我们中大多数人都没有如此直白地面对过这个选择，但它确实意义重大。正如我们认识的一位母亲所言：“我花了太多时间操心孩子就读哪所学校，当时我没有意识到，他们选择同谁结婚比上哪所学校要重要得多。”让我们充分利用她的智慧。

在当今世界，这样做并不容易。现在，人际关系通常分为两个极端。一方面是我们所谓的对自己有利的朋友，比如商业伙伴或同班同学，我们寄希望于从他们身上得到一些好处。你可能喜欢这类人；你也可能给予他们帮助。但“朋友”这个词用在这里相当不准确。另一方面，你还有浪漫的理想，期待生命中的唯一真爱。这是一个美丽的梦，不过我们很难知道该如何找到这样好的一个人。这两个极端相互较劲。对一贯追求个人私利的不满会让人们向往浪漫。当实际的浪漫达不到期望时，失望会让人们觉得，到头来，大家都只会谋求自身利

[1] Aristotle, *op. cit.*, Books Ⅷ and Ⅸ.

益。在 Facebook 带动下风靡当下的“点赞”与“好友申请”或许与此颇为契合。

然而，在与现实生活迥然不同的网络世界，社交媒体的盛行表明，人们对建立联系的渴望仍然强烈。那么，作为新生代成员，尤其是生于富有之家，你该如何明智地实现这样的追求？

首先，思考一下你自己。你什么时候做过别人真正的朋友？想一想你曾拥有过的友谊，可以追溯到你的童年时代。谁曾是你最好的朋友？回忆一下你们之所以成为朋友是源于什么兴趣或活动。花点时间想一想这些年来你为建立友谊或重建友谊所采取的行动。

接下来，思考一下你目前的情况。你现在有哪些朋友？回答这个问题或许有点困难。商业伙伴或只在课堂上能见面的同学算不算朋友？情人算不算朋友？让我们花点时间来解决这些难题。对于能带来好处的朋友，这些好处会让另一方更像是朋友还是没那么像朋友？想一想这些难题说明了友谊对你来说意味着（或不意味着）什么。

将我们的朋友列举出来一直是个难题。古希腊哲学家苏格拉底过去常同他的年轻同伴开玩笑说，他们可以在片刻之间清点出自己拥有多少头马或多少条狗，但若问他们有多少个朋友，那他们得抓耳挠腮思考好一阵子。不过，他也指出，与马或狗相比，一个真正的朋友是何等珍贵！[1] 今天也是如此。如果你精通财务，那么你可能对自己的银行存款或投资账户中的资产数额一清二楚。但你知道谁是真正的朋友吗？

现在，让我们将目光从过去和当下转向未来，因为朋友和其他关系同放在银行里的存款不同：它们是动态变化的，而非静止不变的。人际关系需要培养。那么，问题在于如何培养积极的人际关系。对

---

〔1〕 Xenophon, *Memorabilia of Socrates*, Amy Bonnette, trans. (Ithaca, NY: Cornell University Press, 2001), Book Ⅰ.

此，我们建议你记住以下几点：

●结交那些肯定你优点的人。很多时候，人们出于对孤独的恐惧和融入环境的压力，会选择同有意利用自己弱点的人做朋友。一个肯定你优秀品质的朋友会让你变得比梦想中的自己还要强大。这并不是一个自私的选择。真正积极的关系能让双方受益，其影响大于个人力量之和。让你变得更强大的朋友也会让你成为更好的朋友。这是一个良性循环。

●结交那些和你有共同梦想的人。这一点听上去很简单。比如，倘若你致力于慈善事业，就同慈善界的同仁们建立友谊。但我们中许多人仅仅因为惰性、自满或尴尬就和志不同道不合的人保持来往。与梦想没有交集的人交往就好比试图引导一艘船驶向两个方向。相反，共同的梦想会助力你们扬帆起航。

●结交那些积极乐观、专注未来的人。没有人喜欢消极的、爱唱反调的人。然而，我们中许多人还是常常将宝贵的时间花在这类人身上！这里要表达的意思不是让你抛下正在经历艰难时期的朋友。更确切地说，你需要区分谁是因当下处境艰难而带有消极情绪，谁是生性消极。我们认识的一位母亲曾总结出一条规则，“不要在会吸走房间里的能量的人身上花费时间”。她的一位朋友对此稍加提炼：“你是说，‘不要跟烂人待在一起。’”尽管这句话很粗鲁，但却是一条值得记住的经验法则。

●最后，结交那些激励你变得更优秀的人。你的朋友不需要像足球教练或钢琴老师那样总是挑你毛病。正如我们所说，你希望他们肯定你现在的样子。但真正的你有潜力和能力超越现在的自己。没有帕特罗克勒斯(Patroclus)这个朋友，阿喀琉斯(Achilles)不会成为英雄。没有乔纳森(Jonathan)这个朋友，大卫王(King David)也不会成为英雄。这同样适用于罗马第一位真正意义上的皇帝奥古斯都(Augustus)和他的朋友马尔库斯·阿格里帕(Marcus Agrippa),亚伯拉罕·林肯(Abraham Lincoln)和他的朋友约书亚·斯皮德(Joshua Speed),往小里说,也适用于本书三位合著者彼此间的友谊。

这些经验法则不足以涵盖人际关系的方方面面。显然,你还要在朋友需要你的时候陪在他们身边,陪他们挺过艰难的时刻,并且愿意承认自己的错误。一方面,人际关系可能像骨头一样:有时候,一段破裂的关系修复后会比之前更加稳固。另一方面,尊重友谊有时候意味着要认识到友谊已经因为某种原因而渐渐淡去,是时候继续前行了。

金融财富让这个原本就不简单的问题变得更加复杂。所以,首先要思考的是如何在简单的人际关系里做出选择。接下来再将金钱这个因素考虑进去。比如,如果你拥有大笔财富,那么你自然想知道别人同你交朋友是因为你这个人,还是因为你能买到的东西。同样,与经济条件不如你的人做朋友,可能会带来吃饭、喝酒、度假和参与其他活动时的账单分摊问题。没你富有的朋友也可能会怀疑,你或许在试图用钱来抬高自己的地位并控制他们的选择。

这些都是意料之中的难题。但如果你将我们在上文列出的那几点铭记于心——去结交那些肯定你优点,和你有共同梦想,积极乐观、专注未来,激励你进步的朋友——你就能和朋友们共同解决这些难题。俗话说:“朋友之间没有公正可言。”这句话不是说朋友之间不应公正相待。相反,它意味着朋友不像陌生人或泛泛之交,不必将自己所施与或接受的帮助桩桩件件记录下来。朋友不必在某种友谊银行里存上一份资产负债表。这就是为什么对富有群体而言,不存在经营友谊的硬性规定。换句话说,关键是要确保你拉上车的是对的人。如果你做得到,你就能游刃有余地处理这些难题。如果你做不到,那么世上所有规则都毫无助益。

对友谊问题的探讨让我们想起了我们认识的一个年轻人。他在十八九岁的时候发现，自己将从父母和祖父母那里获得巨额财富。尽管天性慷慨，但他从未过多考虑过人际关系。读大学期间，他开始同一个女人认真交往。他告诉对方自己可能会继承大笔财富。交往了几个月后，他对这段关系持保留意见——女方非常反感他的家人和他生活中形形色色的人——但他觉得为此而分手并不合适，他是一个思想传统的人，认为应该和同其发生过亲密关系的人结婚。他也担心会孤独终老。他压制了内心的想法，做了自己认为正确的事。他忍受这段不幸婚姻长达数年之久。当他最终决定离婚时，他才知道配偶一直将其视为让自己“永不贫穷”的一个工具。

意料之中的是，这个年轻人在有过这段经历后，开始相信没有什么关系会有好结果，牵扯到金钱时尤为如此。然而，他最终确实遇到了一个肯定他优点，和他有共同梦想，积极乐观、专注未来(他从未在前任身上见到过这些特质)，并激励他继续成长的人。两个人在一起需要长期磨合和不断沟通，但他和他的新伴侣发现，他们可以通过交谈来解决金钱问题和相处中出现的其他问题，在上一段婚姻里，他从未想过还会出现这些问题，更别说想出解决之道了。

这个故事指出了人际关系在人生中至关重要的地位，以及复原力在人际关系中至关重要的地位。金钱固然重要，但不是主要因素。如果你仔细思考一下上文提出的问题和我们建议的做法，你就能和他人建立更具活力的关系，而这些关系或将成为你最大的财富。

沟　通

同工作与关系一样，沟通也是一个重要话题，我们和他人之间的一切关系都与之相关。在本节中，我们想将关注重点放在作为新生代成员的你们与父母、祖父母、受托人或其他控制着家族金融财富的人之间的沟通上。从这些至关重要的关系中可以找到你的声音。

我们无数次被新生代成员及其父母问及这个话题。（我们在此用“父母”一词来指代父母、祖父母、受托人或其他当权者。）双方都想知道：我该如何开启一段对话？我该说些什么？我不该说些什么？同最亲近的家族成员谈论金钱可能极为困难。正如我们认识的一位父亲所言：“我不介意和儿子谈论性。但一想到要谈论钱，我就会觉得难以启齿。”我们怀疑他儿子也有同样的感受（或许在谈到这两个话题时都是如此）。在这里，复原力可以让一切变得大不相同。

首先，我们必须认识到这个难题有多么普遍。你知道你父母收入是多少吗？如果你有工作，那么他们知道你拿多少薪水吗？你知道你最好的朋友或兄弟姐妹挣多少钱吗？答案很可能是不知道。金钱真的是最讳莫如深的话题。那位父亲一同儿子谈到钱就觉得如鲠在喉，他的反应再正常不过了。若是他认为跟儿子提及这些话题很容易，那才会令人感到惊讶。

鉴于这一难题，作为新生代的一员，你该如何进行有效的沟通呢？最重要的一点或许是要对自己的父母有一个客观的评价。有时候，我们同一些人太过亲近，以至于难以真正了解他们。其他时候，我们只知道父母是谁，却希望他们能有所不同。你很难让你的父母变得更体贴、更健谈或更开放。但是，接受父母的局限性并做出相应的安排，远比对着不会改变的现实抓狂要强得多。

以我们认识的一个年轻人为例。他父亲创办了一家极为成功的零售企业。他在父亲的公司干得很好，直到这家公司被高价转让。那时候，这个年轻人大概三十来岁，他意识到自己不想换家公司工作。他想努力成为一位成功的作家。他此前从未和父亲真正谈论过钱的问题。在他看来，父亲不仅慷慨大方、忠心耿耿，而且以自力更生为荣，有很强的控制欲。考虑到这些现实情况，这个年轻人将自己的梦想告诉了父亲。他解释说，为了能有时间写本畅销书，他需要放下工作。因此，他需要一些钱来维持生活。他的父亲欣然接受了儿子的计划，并宣布会给他一笔与其年薪相当的钱，以便他能在接下来的两年里专心写书。这是一场暖心而愉快的谈话。

因为事先有所准备，所以这个年轻人对父亲数周后才兑现赠款的做法并没有什么反应。在接下来的几个月里，父亲曾多次对儿子购买的新衣服和新汽车提出质疑，询问他如何负担得起这些物品，对此，他并未作出回应。他知道父亲会忍不住发表各种意见，他没有回之以愤怒或不满。由于他毫无反应，父亲便没有深究下去。最后，这个年轻人完成了书稿，找到了经纪人，出版了作品，在父亲的慷慨相助下，开创了一番新事业。

另一个故事的主人公是一位母亲。她找到了我们，告诉我们她为20岁左右的女儿大伤脑筋。这位母亲喜欢给孩子几千美元的支票作为节日礼物。但女儿告诉她，自己不崇尚过节，也不想要礼物。我们同母女二人进行了交谈，帮助她们倾听了彼此的心声。女儿感到很难体会到母亲是真心为她好。她认为母亲只是在控制她。反过来，这位母亲觉得女儿也不曾流露出对自食其力的渴望。当她们真正听到对方的心声时，她们发现彼此实则对很多问题看法一致，比如都认为节日日趋商业化，都认为人际关系比金钱更为重要。

这两个故事告诉我们，复原力在沟通中占有重要地位，弹性沟通的关键在于要对自己和沟通对象有一个客观的评价。第一个故事中的年轻人知道，父亲会支持他应对新的挑战。他也知道，父亲不可能不附加任何条件地解囊相助。如果你想同父母谈论家族的财务状况，那么你首先要明确谈话的目的：是为了学习吗？是为了采取一些行动吗？是为了表达你的看法吗？是为了得到他们的指导吗？你要弄清楚他们是什么样的人，根据他们的性格，你认为他们想听你说些什么话。然后，用心倾听并从他们的言语中有所收获——不仅要学习他们的措辞，还要学习他们说话的方式。最后，随时注意自己的一言一行，这样你就不会被情绪左右，不会做出无益于你达成目标的反应。

离开伊萨卡

在演说被伊萨卡的贵族用轻蔑的笑声打断后，偷偷溜走或缄口不言对忒勒马科斯来说本要更容易一些。尽管心存怨愤，但他本可以继续不声不响地待在母亲那里，享受丰衣足食的生活。最终，他可能会丧命于母亲的追求者之手。不过，如果他真的保持沉默，那么那些追求者或许会对他不屑一顾，任由他舒适安逸地度日。

可那将是多么可怕的生活啊！因此，忒勒马科斯走出最初的失望，重新振作起来。他的确从神那里得到了一些鼓励。但他心中也有一颗坚韧的种子。

人生难免会遇到挑战，本章讲的是在挑战中实现飞跃，从挑战中快速恢复。认识到黑洞的力量很重要。认清自己更重要。但对富有家族的新生代而言，最重要的任务——抑或最容易被忽略的任务——也许是对复原力的培养。复原力是个人的核心能力。每次你承担新的工作任务；每次你为人学徒，哪怕是在脾气暴躁、难以相处的老板手下干活；每次你主动结交朋友；每次你尝试去理解父母，努力同他们进行沟通：你都是在培养自己的复原力。其他技能或专业知识（比如财务知识）可以让你做各种事情，完成任务，甚至赚到钱。但复原力会让你展现个性，感知心声，自立自强，实现真正的崛起。

思考题

对于真正的工作、积极的关系、真实的沟通，请你各举一个生活中的例子。这个例子的与众不同之处在哪里？

第五章　中途航道

食莲人岛

从特洛伊返程途中，奥德修斯和船员们登陆了一个不知名的小岛。由于不清楚有无危险，奥德修斯便派了三名船员去探察岛上是否有人居住。船员们迟迟未归，奥德修斯前去寻找他们，发现他们身处一群奇怪的食莲人当中。这些人没有威胁或伤害奥德修斯一众人的意思，只是拿了一些甜莲花给他们吃。凡是吃了甜莲花的人，都会立刻将归乡的事忘得一干二净，情愿一辈子都在这里食花度日。

奥德修斯将吃过莲花的船员赶回船上。他们哀号痛哭，但还是被迫登上了船。奥德修斯命令其他船员开始划船，并警告他们食用莲花有危险。他们逃离了食莲人岛，却不知道自己正驶向独眼巨人所在的小岛。

食莲人岛的故事虽然简短，却意味深长。莲花对奥德修斯和他的同伴而言是一种威胁。这不是他们通常会面临的武力或风浪威胁。从某种意义上说，这种危险的影响要更为深远。莲花动摇了他们心底对努力奋斗的渴望。他们归乡的愿望被抛诸脑后。吃下莲花后，他们忘记了真正重要的事。莲花将他们从人类变成了一种温顺的食草动物，甚至是一种植物，让他们甘于在那一小方天地里终其一生。

与此同时，莲花也象征着一种希望。奥德修斯和他的部下浴血奋战了十年。就在登陆食莲人岛前，他们刚从另一个岛上逃走，在那里，他们经历了一场激烈的战斗，失去了许多战友。他们不知道前方还会遇到怎样的暴力与灾难。莲花预示着平静和安宁，引人沉醉在一片朦胧的梦境中。它予人以慰藉和欢愉。它让生活变得简单。谁不曾梦想过将错综复杂的生活置之脑后呢？莲花实现了人们的这个梦想。吃过莲花的人在被拖走时都哭了：即使只咬上几口也觉心满意足。

财富世界就像食莲人岛一样。无论我们是生活在其中，还是从外面向里面观望，大多数人都意识到，诱人的金融财富集魅力与危险于一身。我们中大部分人就如同奥德修斯手下的那三名船员：渴望吃到莲花，假若花被夺走，就会心生沮丧。

倘使你在那个小岛上长大，那莲花的魅力与危险便会进一步放大。它的诱惑无处不在。它可能是你所知道的一切，是你唯一的日常饮食。如果每段记忆都带你回到莲花旁边，那么记住真正重要的事和你自己的旅程将是何等困难啊！

本书前几章旨在帮助你打破花的魔咒。其中的一些经验和做法有助于你的个人成长。在这一章中，我们想把这项工作延伸到在花丛中流连许久的新生代成员身上。我们指的是那些20多岁、30多岁、40多岁、50多岁甚至60多岁的新生代成员。在前四章中，我们已经讨论过在这个人生阶段会面临的诸多挑战。但这个阶段还会涉及一些特有的挑战。《奥德赛》的故事告诉我们，你在莲花丛中生活得越久，就越难挣脱束缚。尽管如此，获得自由也并非不可能。我们希望这一章能够帮助已步入中年的新生代成员，也能够指导家族里相对年轻的新生代成员，让他们做好应对危险的准备，甚至可以防患于未然。

中途航道

继心理学家詹姆斯·霍利斯(James Hollis)之后，我们用“中途航道”这个词语来形容中年之旅。[1] 在埃里克·埃里克森看来，人到中年，便会在繁衍和停滞之间苦苦挣扎：哪一方会占据上风？我们的身体，甚或是我们的大脑都开始衰退。对学业或事业抱有的热情或希望可能已经变成了失望，或者至少没有达到我们的预期。我们通常会在人生的这个阶段经历一些重大变故。在父母、朋友甚至自己的死亡面前，对崛起至关重要的未来感(回想一下第二章)渐渐消失。这些因素引发了一些人的中年危机，他们与曾经的事业、人际关系或行为模式彻底决裂。其他人则陷入了长时间的反思，对身边的人事重新进行评估和排序。无论是巨大的变化还是微妙的变化，它们都是中途航道的一部分。在繁衍和停滞之间挣扎的结果，将决定我们在人生的最后阶段是走向圆满还是陷入绝望。

对富有家族中的新生代成员而言，其成长经历会让这段本已复杂的航程变得更加复杂。为了说明这一点，我们想以一位客户的故事为例，我们暂且叫他弗兰克(Frank)。弗兰克约50岁，在五个兄弟姐妹中排行老大。他们的父母将一家运输公司经营得很成功，在弗兰克35岁左右的时候，父母以数百万美元的价格转让了公司。弗兰克兄弟四个和一个妹妹都在这家公司工作。我们刚认识他的时候，他正担任家族基金会的负责人，但他承认自己要做的事并不多。应基金投资经理、会计师或律师的邀请，他几乎每个季度都会参加一些会议，拜访几

---

〔1〕 James Hollis, *The Middle Passage*: *From Misery to Meaning at Midlife* (New York, NY: Inner City Books, 1993), and *Finding Meaning in the Second Half of Life* (New York, NY: Gotham Books, 2006).

家慈善组织，并赴几场气氛愉快的午宴。他的一个弟弟在家族办公室担任类似的职位（挂着负责人的名，事实上只是做些兼职簿记员的工作）。另一个弟弟是家族的房产经理人，负责维护修缮各处的房产。还有一个弟弟管理着家族名下的一些商业地产（他将具体的监管工作委托给了一家房地产管理公司）。弗兰克的妹妹每半年组织一次家族聚会与静修活动（也就是家族度假）。每个兄弟姐妹都拿着一份还不错的薪水。他们的工作都和弗兰克的工作一样轻松。

我们见到弗兰克的时候，他对自己的生活并不满意。他想知道，“生命的意义仅在于此吗?”他不介意担任基金会负责人，但这不是他真正的使命。他也意识到，自己和弟弟妹妹们都没有自主选择工作的机会。他们的父亲，年近 90，仍身体健朗、大权在握，给每个子女都分配了具体的职位。子女们无一做出反抗。正如弗兰克所言：“我们都在随波逐流，等认识到这一点，我们已经这样生活了许多年。”因此，尽管弗兰克过得并不称心，但他很难想到还有其他什么出路。他已经扎根在莲花丛中。

有力援手

《奥德赛》的故事告诉我们，你通常无法靠自己的力量离开食莲人岛。奥德修斯及其同伴费尽努力（动用暴力）才将吃过莲花的三个水手带离小岛。

人生行至中途航道的富有家族的新生代成员也面临着类似问题。与生活中的大多数挑战一样，应对问题的第一步是要意识到自己存在问题。太多人甚至都没有做到这一点。金融财富如同莲花，会让人忘记很多东西：忘记没有钱会过怎样的生活，忘记工作为什么重要，忘记可靠的人际关系是什么样子，忘记自己的梦想或拥有梦想的可能性。

有些人，比如弗兰克，确实意识到有些地方不太对劲。有了这种意识的人有时会抱怨生活无聊。无所事事的生活——即使在最好的情况下，“无事”也只是表现为大量的正式会议与午宴——可能会像流水线上的工作一样枯燥。没有金融财富的人听到四五十岁的富人抱怨生活无聊，或许会觉得不可思议。然而，这种怀疑态度并没有让无聊的沉闷感或真实性削减分毫。

无聊或自我反思有助于人生行至中途航道的一些人认识到创始人梦想及具象的金融财富给个人崛起带来的危害。不过，对许多人而言，建立这样的认识需要一场危机。父母年迈多病，母亲溘然离世，面对这一切，弗兰克醒悟到，“生命的意义仅在于此吗?”我们认识的一位女士在已结婚 15 年的丈夫提出要离婚时，才意识到这个问题。她此前从未认真思考过她的财务状况、职业生涯或个人梦想。突然之间，她的财产受到了威胁，她可能再也没有机会随波逐流地生活。我们认识的另一位女士在家族企业供职多年，企业被父亲转让后，她才有所醒悟。企业的转让并没有让她无以为生:她成为一份巨额信托的受益人。但这场交易确实夺走了她的头衔和认同感，至少在她看来，正是这些东西让她觉得拥有大笔财富当之无愧。每月接受信托分配与赚取薪水相去甚远。

即使意识到这个问题，打破旧有模式往往还需要他人的援手——有时甚至需要强有力的援手。在这种情况下，财富带来的孤立感会对财富持有者的幸福生活构成极大威胁。[英语中，“孤立”(isolation)一词的词根来自拉丁语中的“岛屿”(island)一词。]就像隐于岛上的食莲人一样，你被财富置于孤立之境，他人更不可能有机会向你伸出援手。

那么你要从哪里寻求援助呢? 首先，你可以将目光投向家族内部。比如，如果你的兄弟姐妹也行至人生的中途航道，那么你们能相互帮助吗？同胞关系极为亲近，也极难处理。尽管许多成年的兄弟姐妹之间彼此相爱，但一定要保证尊重对方的私人空间。这种尊重是谨慎之举，不过有时会适得其反。倘若你和你的兄弟姐妹在食莲人岛长大，你们就会很了解彼此的处境。你明白那种生活的诱惑与令人失望之处。如果你现在30多岁，40多岁，甚至年纪更大，那么孩提岁月或少年时代经历的争斗和伤害可能已经平息，或至少在淡却。你完全可以像成熟的成年人一样，向对方提出这些尖锐的问题："这就是生活的全部吗？人生还有其他意义吗？人生还有哪些意义？"你们也可以相互鼓励，一同努力认清自己，培养复原力，甚至在中年奋发崛起。事实上，这也许是你能展现给兄弟姐妹的最深切的爱。

堂（表）兄弟姐妹也可以发挥类似的作用，不过难度可能会更大，因为他们之间的关系通常没有那么亲近。不过，在某些情况下，这种情感上的距离可能会让成熟的堂（表）兄弟姐妹更容易意识到对方的重大问题，因为他们不必为同胞之争或传统的长幼之分所累。不管怎样，我们已经看到了许多家族中堂（表）兄弟姐妹之间不经意的互帮互助：正是某个堂（表）兄弟姐妹的失败、成瘾或不光彩的行为，让家族中的其他成员审视自己的生活，并开始有所改变。我们不希望任何人看到自己堂（表）兄弟姐妹的失败。但令人惊讶的是，这些负面例子可以起到极为积极的作用——甚至比看到堂（表）兄弟姐妹的成功更有好处。也许是目睹了莲花对几位船员的影响，奥德修斯的其他船员才没有张开双臂奔向花野吧？

对人生行至中途航道的亲兄弟姐妹和堂（表）兄弟姐妹而言，他们面临的另一个挑战是地域分布分散。财富往往可以使成年的家族成员按自己的方式生活，有时他们会散布在欧洲大陆或世界各地。尽管这种情况并不罕见，但确实令亲兄弟姐妹或堂（表）兄弟姐妹之间很难意识到对方的处境，向对方伸出援助之手，做到在这段旅程中彼此鼓励。如果你的家族也存在这种情况，那你就要找机会建立联系，或重建联系，去了解你的亲兄弟姐妹或堂(表)兄弟姐妹过得如何。这些机会或许是传统节日，或许是生日，或许是各种各样的周年纪念日。或许你可以建议组织一次家族聚会或静修活动。你要利用一切时机，将人生行至中途航道的家族成员聚到一起。留出一些时间，简单地告诉对方你的生活近况。不要指望在这样的聚会上解决你的问题或危机。这类聚会至多能帮助你们加深对彼此的了解，了解对方当前的处境和困难，为后续一对一的交流奠定一定基础。

不过，如果你不大可能从家族内部寻求到援助，那么你也不要失去希望。一些组织有时会举办论坛，探讨金融财富给健康发展带来的利与弊。比如，我们就发起了一个名为“博识咨询研讨会”(Wise Counsel Research Seminars)的项目，召集全国各地的财富持有者一同探讨工作、关系、沟通、育儿等问题。几轮研讨后，这些成员建立了一种社区意识，甚至找到了在研讨会之外保持联系和相互帮助的方法。无论在什么场合，融入这类团体前都需要考虑如下问题：

- 如果我花费时间这一最珍贵的资源来加入这个团体，那么它能否帮助我安然渡过这段中途航道？

- 加入这个团体会有助于我远离食莲人岛吗？还是说参加这些会议相当于又一次食用了莲花？

这些问题的答案在很大程度上取决于该团体的成员、使命，及其领导者的深思熟虑和无畏气概。给食莲人送上莲花很容易，此种情形下，这样做无异于是在维护自尊，抚平富人心中的不安。而听从奥德修斯的指挥，以一种深情却坚定、共情却决然的方式，予人以勇气，使其摆脱旧有行为模式，则又是另外一回事。这样的领导与团体颇为罕见。一旦找到，就要全心投入，结果一定不会令你失望。

自我辩护

食莲人岛是一处僻静之地，这是《奥德赛》留给读者的印象。毕竟，岛上居民都将时间花在了觅食莲花上。这也是我们在许多已行至人生中途航道的富有的新生代成员身上观察到的特质：沉默无处不在。

正如我们在引言和第一章中所述，这种沉默不足为奇。在许多富有的家族，只有创始人才享有真正的话语权。他们将自己的伟大梦想变成了金钱。他们提出或确定了“家族”价值观。他们或许已经阐明了家族或子孙后代的使命。他们很有可能设立了信托或建立了其他资产管理模式，规划好了子孙后代将在人生哪个阶段获得多少资产或收入，甚至规定了要以何种行为作为交换。他们的言语就是金科玉律：又一个奥兹曼迪亚斯(Ozymandias)之命令。难怪这种方式会让接受者陷入沉默。该说的话都已说尽。

因此，对于步入中年的新生代成员而言，找回或找到自己的声音就显得尤为关键。我们在上文提到过，这种声音有时会以抱怨的形式出现，比如抱怨日子无聊。它表达的可能是你对生活的不满，所有重大决定似乎都由父母或祖父母做出。这类抱怨不无根据：它们不是沉默。当奥德修斯将部下从食莲人手中拖走时，他们立刻哭成一片。这是正常的反应。

在许多情况下，步入中年的新生代成员最先发出的是遗憾或内疚之声。当一个接受者殊非易事，虽然这点并没有得到普遍承认。大多数人认为，接受者是被动的，他们没有资格享有富裕的生活，他们显然没有那些创造金融财富的创始人那么令人印象深刻。许多接受者对自己的看法也是如此。结果往往是，你可能会因为接受而感到内疚。曾有一位女士在我们演讲时问道:“为什么这些都给予了我,而不是其他人?我做了什么,竟有资格获得这笔财富?”恰恰因为你不必为生计或资产而工作,所以你可能还会为自己错过的选择或经历感到遗憾。你不是一个可怜的富家小女孩(或小男孩)。你是一个成年人。

表现出不满、遗憾或内疚感是你找到自己声音的第一步。向体贴入微的朋友、亲兄弟姐妹或堂(表)兄弟姐妹倾吐心声会对你有所帮助。采取我们在第三章中所述的步骤也同样重要。将你的抱怨、遗憾或内疚当作一个起点,而非一个终点。用它们来引出如下问题:“我是谁?我的梦想是什么?什么是阻挡我前进的内在障碍?哪些是妨碍我发展的外在障碍?”

一旦你在别人的帮助下开始走上这条通向自我认知的道路,那么用你的声音为自己辩护也同样重要。这或许是步入中年的新生代成员面临的一大挑战,他们已经习惯于做一个接受者,为向他们分发莲花的人所控制。那个人或许是父(母)亲,又或许是受托人。无论他(她)是谁,你都要用你的声音在那个权威面前为自己辩护。

以我们之前提到过的弗兰克为例,经过一番自我反思后,他开始主动与他人交流。他加入了我们组织的一个研讨会,研讨会的成员都是与他年龄相仿,且面临着类似问题的财富持有者。几轮研讨后,他启动了一个自修艺术史的计划。他对这个领域一直很感兴趣,但此前从未有勇气深入研究。他利用自己在基金会的职务,与博物馆和其他艺术团体紧密合作。他还开始召集四个弟弟妹妹谈话,讨论他们各自的人生规划。我们单独给他做了几次心理咨询,帮助他推进自己的想法和行动。

在我们其中一位推进者的帮助下,弗兰克和弟弟妹妹们最终邀请父亲参加了他们的一次会议。他们向父亲表达了同家人往来的强烈愿望。但他们也解释说，他们认为父亲分配给他们的许多角色可以交由家族外的专业人士担任，这样会更加高效有力。他们认识到，父亲对由谁来提供这些服务有最终发言权。他们知道，自己不承担这些工作会损失一些收入。但为了能自由追寻自己的梦想，他们愿意放弃这份收入。

父亲一旦意识到他们无意抛下家族（和他），就会发现他们的提议颇具吸引力。他尊重他们寻求自己道路的决心，并表示愿意尽力为他们提供帮助。令他印象尤为深刻的是，子女们担心如果不为自己做出行动，他们就会给子孙后辈树立一个坏榜样。尽管他很喜欢将子女留在自己的王国里，但他不想看到孙辈因自己的欲望而受到伤害。

弗兰克的例子表明，即使一切进展顺利，在人生的中途航道找到自己的声音也并非易事。你需要经历漫长的过程，需要得到许多人的参与和支持。但这是可以实现的。

所有权

到目前为止，我们的重点一直是帮助人生行至中途航道的新生代成员找到自己的声音。这也许离不开集体的努力，以及许多人的帮助。但最终，你需要找到的是你自己的声音。

你想要找到的是你自己的声音，这一点直接引向了一个对新生代成员，尤其是对步入中年的新生代成员而言至关重要的话题，也就是所有权的话题。毕竟，我们一直讨论的是你“自己”的声音，而非他人的声音。这一点看似简单，但在富有的家族里会变得模糊不清。信托或企业实体非自然的法律关系；家族姓氏及其限定的继承人；对家人团聚的期待，甚至是假期安排或居住地选择——这些复杂因素会让你忘记自己是谁，忘记自己的声音或自己生活的边界在哪里。[1]

因此，你面临的一大挑战是成为你的财产、你的时间、你的天赋和你自己真正的主人。但要是有人告诉你这些并不都归你所有呢？所谓的“你的”资产可能与信托绑定在一起，你只是信托的受益所有人。受托人——也许是家族成员或专业顾问，也许是法人团体——有可能是法定所有人。法定所有人也有权决定你从中受益的方式和时间。如果父母是你房子的所有人，或者他们出钱给你买房，又或者供你上学、工作或追寻梦想的财产归父母或其他家族成员所有，那么你该怎么办？

由于越来越多的家族金融财富流入信托业，因而这些问题提到的挑战只会随着时间的推移愈加艰巨。在《礼物的循环》一书中，我们写道，富有家族的第二代或第三代成员往往会将90%以上的金融财富用于信托投资，我们称之为“信托风潮”（trust wave）。这场“信托风潮”的问题不在于法律或金融层面。毕竟，法律或金融因素通常是引发“信托风潮”的原因。相反，问题出在人身上。从我们接触到的一个又一个家族来看，新生代成员会感觉，非自然的信托关系让他们无法替自己做出人生中的重大选择。他们发现自己依赖于受托人，对于受托人的选择，他们几乎不能或根本无法加以控制。如果你处于这种非自然的关系之中，那么它可能会让你觉得，自己虽已步入中年后期，但仍像个婴儿一样。

正是由于这些复杂因素，获得所有权成为新生代成员，尤其是人生行至中途航道的新生代成员所面临的一个重大挑战。应对挑战的第一步是要明确哪些东西归你所有，哪些东西不归你所有，以及你怎

[1] 我们再次向你推荐我们的同事塞耶·威利斯所著的《超越财富：继承人的真正财富》(*Beyond Gold*: *True Wealth for Inheritors*, Portland, OR: New Concord Press, 2012)。他在书中论述了“解构”与“非自然”关系的挑战。

样做便会拥有这些东西，你怎样做便不会拥有这些东西。说起来容易做起来难。以我们认识的一位年轻女士为例，她从小家境优越，早就听说自己是各种信托或其他实体的受益人。她从未认真思考过这些金融工具，直到她决定结束一段不幸的婚姻。突然间，在双方极为敌对的环境下，她面临着这样的问题：“这是我的财产么？这是夫妻共同财产还是家族财产？”她的父母说得很清楚：这都是家族财产，不应计入分割范畴。她的丈夫明确表示：这都是夫妻共同财产，应予以分割。她茫然不知所措。离婚促使她完成了这项极为重要的工作。诉讼和解的关键取决于她能否弄清楚自己拥有什么，自己需要靠什么生活，以及自己愿意舍弃什么。

有句老话说：“生不带来，死不带去。”富有家族的新生代成员或许难以认同这个说法，至少会对前半句心存异议。你可能生来名下就拥有很多东西。因此，你的任务就是将这些财产融入你的生活。这不只是开列清单或转让所有权的问题，也不是受托人或财富创造者能为你做的事情。如前所述，这项工作要求你弄明白自己拥有什么，然后想清楚你希望这些财产如何为你所用。

这一步与一项更为重大的工作密切相关：解构非自然的信托关系，建构更自然、更人性化的关系取而代之。解构的第一步是要认识到信托风潮是一个问题，以及你有必要主宰自己的人生。接下来，你要弄清楚在你所处理的信托范畴内，什么是一成不变的，什么是可以改变的。建构的第一步是要明确你希望信托财产如何为你所用。接下来，你要将人性展现出来，而不仅仅是做个“受益人”，你所面对的受托人或信托管理人也是一个人，并非只是一个被委托人或一家机构。

最后这项任务是自我辩护的典型例证。[1]

领导力

我们将在这里简要谈一谈“领导力”这个话题。领导力是家族企业关注的核心问题。商学院或咨询公司会设立家族企业领导力研究中心。有时候，与家族企业或家族财富相关的每个人似乎不是在寻找领导者就是在锻炼领导力。

尽管领导力很重要，但对担任领导职务的需求可能会成为黑洞或莲花的又一变体。我们看到，一个又一个的家族将新生代成员过早推上诸如家族成员的信托受托人、家族企业或慈善机构董事之类的职位。这些职位举足轻重。但过早投身其中也许会阻碍你的正常发展。在弗兰克看来，父亲任命他为家族基金会的负责人，要求他发挥“领导”作用，是给他设下了一个圈套。

因此，如果你想成为一名领导者，那么你首先要具备主宰自己生活的领导力。正如我们在第四章中看到的那样，忒勒马科斯认为，作为奥德修斯之子，他可以领导众人。伊萨卡的贵族们很快让他认清了自己的位置。离开故国，追寻自己的道路，是忒勒马科斯后来能成为一位真正领袖的先决条件。

举个发生在我们身边的例子。我们认识一个年轻人，他和几个妹妹在母亲身边长大。由于传统的性别偏见和他的个人能力，母亲和妹妹在他还很年轻的时候，就希望他能牵头管理家族财富和慈善事业。起初，他很乐意承担这项工作。他为自己的领导力感到自豪。但随着

〔1〕 对于非自然关系的解构过程，读者可参见塞耶·威利斯在《超越财富》一书中的精彩提问，以及哈特利·戈德斯通(Hartley Goldstone)与凯西·怀斯曼(Kathy Wiseman)在《信托价值：从受益人和受托人的新视角看信托》(*Trust Worthy*: *New Angles on Trusts from Beneficiaries and Trustees*, Denver, CO: Navigating the Trustscape, LLC, 2012)一书中讲述的精彩故事。

时间的推移，他意识到母亲和妹妹具备他所没有的技能。他所谓的领导力令她们的才能无法得到充分施展。此外，领导者的身份也成为他追寻个人梦想的阻碍。他开始感觉为这些职位所累，甚至对此心存怨恨。他先后向朋友和作为家族顾问的我们寻求帮助。经过长时间的思考和探讨，他决定制订一个计划，将自己的许多职责移交给其他家族成员或顾问。他同家族成员一一讨论了这些措施，她们一旦理解了他的动机，就会欣然支持他做出改变。

这个例子进一步证明了自我辩护对新生代成员，尤其是人生行至中途航道的新生代成员的重要性。它还强调一定要知道何时寻求建议会有所帮助。为自己辩护或向他人寻求帮助也许极为困难。你可能倾向于照顾他人，而自我辩护需要替自己说话，有时还要摆出强硬的态度。然而，如果经过深思熟虑且抱着诚恳尊重的态度，那么这样做将会推动卓有成效的变革。这是主宰你自己生活的领导力的关键所在，也是我们从事的一项基础性工作。

中年为人父母

与年轻的新生代成员不同，人生行至中途航道的新生代成员发现自己面临着另一个挑战：他们往往是初次为人父母，肩负着养育下一代的重任。做好这项工作可能是他们人生中最富有意义、最具挑战性的尝试。

我们在第三章和第四章中提到的做法是成为优秀父母的根本所在。也就是说，你要掌控自己的生活，明确自己的梦想，培养自己的复原力，并尽自己所能去追寻梦想。那些对自己生活感到满意的父母自然会帮助孩子更好地成长。如果你了解自己和自己的梦想，你就更不可能将自己的期望或失望投射到孩子身上。

接下来的一步当然是弄清楚孩子们的个性。即使出生在同一家族，孩子之间也会存在惊人的差异。了解每个孩子的特质是养育他们的基础。

我们在《礼物的循环》一书中对以上两步进行了深入探讨。[1] 除此之外，我们还发现了几个有助于新生代成员养育新生子女的做法。

首先，花点时间回想一下年轻时候的你自己。作为新生代成员，你从过往经历中学到了什么？这些经历是否有助于你更好地养育子女？在规章、实践或沟通方面，你的父母做了什么来帮助你成长？他们的哪些做法阻碍了你的崛起？这样做是为了让你从过往经历中有所收获，但更重要的，是为了让你设身处地地理解你的孩子及其作为新生代成员的经历。

其次，无论是从你自己的经历还是从你认识的人的经历来看，你都要认真考虑"空间"或"开放性"对孩子的重要意义。大多数父母对安排孩子的生活过于热衷。金融财富会大大加剧这种趋势。家财万贯的父母不必为他人工作，能整天围着孩子转。他们掌握很多资源，可以给孩子雇用保姆和家教，送他们参加夏令营、课外活动、各类课程等。这些外力或做法本身并无问题。但空间或开放性是孩子成长不可或缺的一部分。孩子需要自由地探索周围世界。他们还需要空间来展示能力，从而加深对自己的了解。想象一下，如果你雇人将你的儿子从一处背到另一处，这样他就不会因触到地面而弄脏自己的脚，那么会出现什么情况呢？最终，成年后的孩子可能连自己走路都不会！孩子如果从未体验过自由，就不可能获得自由。对成长而言，自

〔1〕 更多关于富有之家养育子女的论述，可参见艾伦·佩里(Ellen Perry)的《多种可能：为家族、金钱和遗产引航》(*A Wealth of Possibilities: Navigating Family, Money, and Legacy*, Washington, DC: Egremont Press, 2012)，詹妮弗·西尼尔(Jennifer Senior)的《只有喜悦，没有乐趣：现代社会为人父母的悖论》(*All Joy and No Fun: The Paradox of Modern Parenthood*, New York, NY: Ecco Press, 2014)，以及李·豪斯纳(Lee Hausner)的《天堂的孩子》(*Children of Paradise*, Los Angeles, CA: Tarcher, 1990)。

由至关重要。

再者，问一问自己，你能为促进孩子的“学习”或“训练”做些什么？这一点与上一点密切相关。我们在此处提到的学习并非是指孩子在学校接受的正规教育，而是说孩子需要通过诸如工作之类的经历来了解自己。大多数孩子到了八岁左右，就会开始萌生制作东西、组装物品，甚至售卖自制品和从事成人工作的愿望。你要做的是给予他们鼓励，而非设法替他们安排一切。让孩子做些能满足他人需要的东西或事情，通过应对这些挑战来加深他们对自己的了解。同时，我们还想提醒你，不要急于将十几、二十几岁的孩子送去夏令营或培训班学习理财知识。你自己先去参加一个这样的项目，便会发现与人生刚刚起步的青少年相比，它可能更适合于试图主宰自己生活的中年人。孩子的任务是了解自己，而不是学习也许只有在遥远的将来才会接触到的财务知识。

最后，人生行至中途航道的家族成员会和我们反复提到“失败”的重要性。我们中大多数人在养育子女的过程中，都会设法让他们远离失败。毕竟，没有人愿意看到自己的孩子遭受痛苦。但回想过往的生活，哪些时刻给你留下了最宝贵的经验？是你夺得大奖的时刻吗，还是你未达成目标，以失败告终，不得不修正方向的时刻可能性更大？以同样的目光来看待养育子女这件事。如果你从不让孩子承担风险，他们就永远不知道该如何评估风险。他们可能会对风险极为排斥，或者相反，他们也许会在没有意识到危险的情况下冒极大的风险。同样，如果你从不让他们经历失败，他们就永远不知道该如何从挑战或挫折中汲取经验教训。等到挫折或失败降临时，他们很有可能会和以前一样，完全偏离原先的轨道。你将剥夺孩子培养复原力的能力。正如我们在第四章中所看到的那样，复原力是让你展现个性、走向崛起的关键所在。

自我崛起的问题

在本章的开篇，我们看到，人们离开食莲人岛往往不是出于自愿。他人的帮助必不可少。不过，如果你是人生行至中途航道的新生代成员，你家族里几无成功崛起的先例可循，没有人会向你伸出援手，那么你该怎么办？

对于这样的情形，我们的第一反应是同情。这是极为困难的处境，但并非前所未闻。我们接触过一些家族，族人世代生活在莲花丛中，沉醉于朦胧的梦境。他们可能还依稀记得族里的成功人士。但当他们环顾四周时，他们看到的只有食莲人，这些人心满意足，或许还有点消化不良。

如果你发现自己处于这样的境地，同辈和上一辈中并无成功崛起的榜样可以效仿，那么你能做些什么呢？直面自己的内心虽非易事，却是必须要走出的第一步。杰伊·休斯在其处女作《家族财富》修订版的第十三章中提出了一系列问题。[1] 我们在这里给出了一个修改后的版本。这些问题原本应由负责评估家族新生代成员人力资本的独立顾问提出，但经过修改，也可以为新生代成员自己所用。它们尤其适合人生行至中途航道的新生代成员，这些人有丰富的人生经历可以回想。

问一问你自己：

1. 我在哪些方面拥有自由？我在哪些方面要依赖他人？

2. 我是如何意识到自己的感情、能力和潜力的呢？

3. 我曾努力探寻过自己的使命吗，不是自己的工作或事业，而是

〔1〕 James E. Hughes, *Family Wealth: Keeping It in the Family* (New York, NY: Bloomberg, 2004), 133-136.

自己的使命？如果是，那我有没有听从使命的召唤？如果我没有，那又是为什么呢？

4. 我有导师吗？我曾有过导师吗？如果没有，那我具备找到导师的能力与知识吗？（关于这一点，请参见本书的结语部分。）

5. 我是否曾低声下气地当过学徒，为追求使命而努力学习？我是否精通一项对我而言很重要的知识或技能？

6. 我有朋友吗？谁是我的朋友？我在他们每个人眼中是谁？

7. 我会表达爱意吗？我曾向谁表达过爱意？

8. 我会表达同情吗？我曾同情过自己还是同情过他人？

9. 我会表达感激之情吗？我什么时候有过这样的举动？接受者对此有什么回应？

10. 我现在感到快乐吗？我以前有过快乐吗？什么时候？

11. 我曾在公民社会或自己社区发挥过积极作用吗？我曾对他人有所给予吗？我给予过他人什么？

12. 我觉得自己能胜任哪些领域？我觉得自己在哪个领域能有所成长？

这些问题对任何人来说都很难回答。如果你发现自己正处于人生的中途航道，不够自由独立，也没有太多快乐可言，那么你可能会觉得这些问题尤为棘手。但正是这些问题帮助弗兰克等人摆脱了对生活的厌倦与不满，让他们以积极的态度重新规划人生道路。即使在你环顾四周，满眼尽是食莲者的时候，这些问题也能给你提供一些前进的方向与动力。毕竟，真正的崛起总是来自内心。什么时候崛起都为时不晚。

思考题

从上面列出的12个问题中挑选出一个问题，写下你的答案。一天之后，重新审视你写下的内容。你的答案有任何变化吗？在接下来的几个月里，每周对其余11个问题做同样的尝试。

结　语

另一名门望族

史诗《奥德赛》情节复杂。我们前面重点关注了故事主线：奥德修斯历经漂泊，忒勒马科斯离家寻父并长大成人，父子二人成功夺回家园。我们很自然地忽略了荷马史诗中许多迂回曲折的情节。

尽管如此，在结语部分，我们还是想从《奥德赛》这一交响乐章中挑出一段小和弦。《奥德赛》中多次提到另一个家族，提到另一位前往特洛伊的希腊英雄，他的归乡之旅充满艰辛。这个家族——希腊领袖阿伽门农（Agamemnon）的家族——是奥德修斯家族的影子。

在《奥德赛》的开篇，奥林匹斯山上的众神在一起讨论阿伽门农的命运。阿伽门农率领希腊大军远征特洛伊。［虽然众神没有提到，但我们从其他故事中可以得知，为了得到众神的帮助，阿伽门农献祭了自己的女儿伊菲革涅亚（Iphigenia）。］历经十年围城，阿伽门农终于攻下特洛伊，他带着主力部队启航回家。但在此期间，他的妻子克吕泰墨斯特拉（Clytemnestra）却与另一位领主埃癸斯托斯（Aegisthus）私通。克吕泰墨斯特拉和埃癸斯托斯听说阿伽门农要回来，便备下盛宴，假装一切都好，待阿伽门农开始吃喝而放松警惕之时，就残忍将其杀害。

风波并没有就此结束。阿伽门农的儿子俄瑞斯忒斯（Orestes）也是一位英雄人物，他听说了母亲和其情夫的所作所为，就回到家中，趁二人不备，痛下杀手。为了惩罚弑母凶手，众神派复仇女神（Furies）在希腊境内追捕俄瑞斯忒斯。

在《奥德赛》的中间部分，奥德修斯下到冥府，与阿伽门农的亡魂进行了交谈，得知了他的悲惨命运。在史诗的结尾，求婚者的亡魂也在冥府遇到了阿伽门农。阿伽门农的故事贯穿全诗始终。

阿伽门农的故事提醒我们，事情可以糟糕到什么地步。佩涅洛普本可能背叛奥德修斯。回到家乡的奥德修斯本可能在接风宴上惨遭杀害。忒勒马科斯本可能在弑母后亡命天涯。相比之下，奥德修斯一家团聚的结局简直是个奇迹。

恐怖的故事在富有家族也是司空见惯。你们中有多少人听家人说过，他们不希望你或你的兄弟姐妹也成为大名鼎鼎的坏男孩或坏女孩？你们中有多少人对家人避而不谈的某位叔叔、某位阿姨或某个支系有所了解？这些故事就像阿伽门农的亡魂一样：旧事挥之不去，灌输着对未来的恐惧。

阿伽门农的亡魂也强调了我们在引言中谈及的一点：失败是正常的。所有家族最终都会解体。金融财富悄然溜走。家人生活艰难辛苦。正如人们常说的那样："这很复杂。"承认现实是沉着应对现实的第一步。

不过，阿伽门农与奥德修斯的对比也提醒我们，尽管失败无处不在，但它不是当下唯一可能的结局。克吕泰墨斯特拉做出了一个选择；佩涅洛普做出了另一个选择。奥德修斯和阿伽门农，俄瑞斯忒斯和忒勒马科斯也是如此。你的家人可以做出选择。你也可以做出选择。

失败的现实与可能的选择相互作用,使得富有家族的新生代成员举步维艰。稍后,我们会简要重述一下我们在本书各章中分享的一些经验或原则。在你或家人现在的生活中,你可能对这些经验或原则还没有切身的体会。这在很大程度上取决于一些细节:你是谁,你的家人是谁,以及你能做些什么。奥德修斯和阿伽门农两大家族的情况虽非完全一样,但也颇为相近。然而,情况如此相似,结果却截然不同。作为新生代成员,要想通过找到自己的声音获得成功,不仅需要了解这些原则和经验,还需要反思自己的实际情况,将这些原则和经验学以致用。正因如此,我们才在本书中一直鼓励你进行自我反思。这也是为什么我们要在这里再次提醒你,选择的自由是你最重要的资产。

迄今为止的旅程

综观全书,我们一直鼓励你将自己视作家族的新生代成员,而非下一代、第二代或第三代成员。这种语言上的转变从更深层次上说是一种重新定位:不再只是将自己同家族的金融财富或财富美梦的创造者联系在一起。

这种重新定位映射出一个惊人的事实。金融财富是将某种精神层面的东西进行了物化。这种精神层面的东西便是创始人的梦想。企业家或其他领导者的冲劲、愿景和创造力都是人力资本的体现。当它们以具象的巨额金融财富的形式出现时,这种转变几乎是奇迹。

不过,人力资本的物化反过来也可能成为一个黑洞。在一个又一个的家族中,我们看到,它吸引了其他家族成员所有的关注、热望和精力。实现这一点的途径多种多样。它可以控制家族成员的生活,剥夺他们选择和成长的空间。它可以压低他们的梦想,让他们认为自己可能永远无法梦想成真。它可以让他们心生愧疚。它可以喂他们以莲花,令他们昏昏欲睡。无论黑洞以何种方式运作,结果都是一样:家族的人力资本消耗殆尽。金融财富最终也难逃此劫。

为应对这一危机,你需要全心全意地维护和壮大你的人力资本。了解有关股票、证券等金融资本方面的知识很有必要。熟悉塑造家族金融财富的法律结构也同样重要。尽管如此,你此时此刻的首要任务还是了解并熟悉你自己,你的才能和你的梦想。为此,你需要清楚知道你的能力,你的信念,以及你可能面临的内在障碍和外在障碍。你需要面对父母在育儿能力上可能存在的局限性。你需要了解你所处时代的人口机遇和人口包袱。作为新生代成员,对这些方面有所反思是你要迈出的第一步。

这种自我认知为你的能力,尤其是复原力——面对生活中的挑战,迅速恢复而非陷入崩溃的能力——的培养奠定了基础。我们发现,工作是培养复原力的一个重要途径。这里所说的工作不只是获取报酬或享有头衔,而是全身心投入你热爱的活动中,放低身段经历一段学徒期,真正关注他人的利益。培养复原力还需要从关系入手。去结交那些肯定你优点,和你有共同梦想,积极乐观、专注未来,激励你进步的朋友。最后,复原力的培养也离不开沟通。去寻找那些能同你认真交流的人,与他们进行深入的对话。利用这些机会加深对他们的了解。在交谈中明确你的目标,为自己做好准备。这样的态度和准备有助于你倾听和学习,而不是直接作出反应。

自我反思和以上这些做法将帮助你实现新生代成员的终极目标:成为你自己,彰显你的个性。这种个性化出现的背景是你的原生家庭,以及你家族的金融财富。个性化意味着你既要同家族保持联系,不忘自己的身份,又要做你自己。个性化是依赖性问题与应得权利问题的解决之道。它是崛起的核心所在。它是你通往解放的道路,因为它让你发出了自己的声音。

在黑洞的引力作用下，个性难以得到彰显。这就是为什么对步入中年，人生才刚有起色的新生代成员而言，任务如此艰巨。我们在第五章中提到，人生行至中途航道的成年人会面对“是繁衍还是停滞”的问题。如果你还没有展现个性，成为你自己，那么即使不是不可能，你也很难继续发展，在工作、家族生活或社区中为自己找到一条新的道路。没能在 20 多岁到 30 多岁之间成功崛起的家族成员，到了 40 多岁或 50 多岁，就会像生活在食莲人岛一样。一旦个性得不到彰显，人生便会停滞不前。我们就所有权、领导力、自我辩护和为人父母的话题提出了一些建议，旨在帮助新生代成员尽快彰显早年未能展露的个性。如果你没有在闲适的年华释放个性，那么几乎可以肯定的是，在人生的最后阶段，你将走向绝望，而非获得圆满。

个性得不到彰显，往往是困扰富有家族的那些恐怖故事的成因。这种失败不是金融或法律层面的失败。问题也并非出在资产分配或税收策略上。它是个人发展的问题，正因如此，这个问题才更为复杂，但也更易理解。你没有必要成为解决这个问题的专家。事实上，以初学者的心态看待它将会有所助益。我们每个人都能找到解决方法。

寻求长辈帮助

崛起的工作掌握在你手中。但这并不意味着你需要独自面对。崛起是一项艰巨的工作。食莲人岛的故事告诉我们，我们可以利用我们能寻求到的一切帮助。

按照人类社会的传统，家族或部落里的某些成员会肩负起帮助新生代茁壮成长的特殊任务。当代社会的一个奇怪之处在于，人们往往期望我们独自经历人生发展的各个阶段。寻求帮助被视作只有在遇到问题或障碍时才会做的事。尽管富有家族通常拥有很多资源，但极少有家族已经找到能够帮助新生代成员崛起的人。

不过，个性化并不是凭一己之力就能完成的任务。从历史角度看，帮助部落或家族成员彰显个性的任务已经落到了两类人身上：长辈和导师。接下来，我们将就这两类人稍作展开。我们的目标不是为导师或长辈提供指导，而是引领你们这些新生代成员去寻求这两类人的帮助和建议。

首先谈一谈长辈：长辈不一定是老人。他们可能年纪不同，人生经历各异。他们未必是你家族的成员。家族朋友可能是长辈，值得信赖的顾问也可能是长辈。正如我们在《礼物的循环》中讨论的那样[1]，关键是要认识到长辈发挥的四个重要作用：

1. 讲述家族的故事。

2. 提醒家族领导者因循家族的既定规则。

3. 有效调解家族内部纠纷。

4. 举行家族仪式。

在这方面，我们最为关心的是第四个任务，即举行家族仪式。仪式不一定要有蜡烛、铃铛或一成不变的语调。这些往往是仪式的点缀之物，其本身只是仪式的一部分。从根本上说，一场仪式是从人生一个阶段到另一个阶段的一段旅程。它主要包含三个要素：与过去决裂，创造一个独立于当前事务的空间，然后将你在独立空间里学到的东西重新融入你的日常生活。仪式往往与重新融合密切相关。

比如，当我们以长辈身份为我们熟识的家族服务时，我们常会为信托受益人举行成年礼。通常情况下，家族成员会避而不谈这件事。有时候，它就是在代理人办公室里举行的例行仪式。但它也可能成为

〔1〕 *The Cycle of the Gift*: *Family Wealth and Wisdom* (New York: Bloomberg, 2013), 82-83.

新生代成员人生中的重要一程。在举行这个仪式时，我们会邀请即将成为受益人的新生代成员在一个中立、安静的场所度过一天。我们不会直接讨论信托细节或法律责任。相反，我们会引导受益人认真考虑自己的梦想、优势、弱势和目标。我们会在一起探讨如何利用这份信托来升华受益人的人生价值，壮大他（或她）的人力资本。只有在这项工作顺利进行的情况下，我们才会带领受托人或委托代理人进入我们创造出的空间。受托人在这场仪式中的任务是倾听和学习，而非说话和指挥。这场仪式旨在让大家达成一个共识：受托人的作用是在不违背法律文件精神的前提下升华受益人的人生价值。这个共识是信托的真正要义所在。在此基础上，我们会安排新的受益人和受托人同家族领导者会面，他们可以在更大型、更公开的场合分享他们学到的东西，宣布已经建立的信托关系正式生效。这场仪式会明确信托或信托资金分配方面的细节问题，为受益人未来的教育奠定基础。它确保了信托将服务于家族的人力资本，而不是反其道而行之。它让受益人可以发出自己的声音。〔1〕

成年礼只是信托受益人会经历的仪式之一。作为新生代成员，你可能还会经历许多仪式，比如毕业，结婚，第一次参加家族会议，成为家族慈善事业的一分子，加入家族企业的董事会，应邀加入家族委员会，最后邀请你的子女担任上述部分角色或所有角色。无论在人生的哪个阶段，你都要替自己和家人找到能确保这些仪式发挥最大效用的长辈。

就这点再多说一句：在寻找长辈时，要记住，真正的长辈并非是专家。他（或她）可能知道很多东西，但总想学习更多东西。伟大的英国

---

〔1〕 如果有读者想深入研究如何更好地处理受益人和受托人之间的关系，那么我们会推荐我们的同事哈特利·戈德斯通与凯西·怀斯曼所著的《信托价值：从受益人和受托人的新视角看信托》（*Trust Worthy*：*New Angles on Trusts from Beneficiaries and Trustees*，Denver，CO：Navigating the Trustscape，LLC，2012）。

诗人阿尔弗雷德·丁尼生(Alfred Tennyson)捕捉到了这种精神,他在诗歌《尤利西斯》(Ulysses)中将奥德修斯想象成一位老者。正如奥德修斯在诗中所述:“年老有年老的荣耀,有年老的辛劳。”他认为,自己和同伴们“会去奋斗、会去探索、会去发现、会永不屈服”。荷马对奥德修斯的预卜也与之类似。在冥府,奥德修斯从已故的先知忒瑞西阿斯(Tiresias)那里得知,一旦他回到家乡伊萨卡击败求婚者,他就会再度离开,只带一支船桨深入内陆,他会一直前行,直到踏上一片土地,那里的人们从未见过大海。他一生都在漂泊,一生都在学习。真正的长辈亦是如此。

回到导师身边

另一个能帮助你彰显个性、走向崛起的角色是导师。你或许还记得,在《奥德赛》的开篇,智慧女神雅典娜鼓励忒勒马科斯踏上寻父之旅。她以家族老友门托尔的身份出现在忒勒马科斯面前。

如今,大多数导师都将精力花费在一项特定任务或者说调整过程上。导师可能会在学校、新的工作岗位或你事业的各个阶段给予你帮助。但雅典娜的例子告诉我们,真正的导师不只是协助你做出调整。雅典娜助力忒勒马科斯从一个男孩成长为一个男人。真正的导师专注于个性化发展。这是一项重大使命。

因此,真正的导师甚为罕见。导师具有哪些特点呢?雅典娜对此做出了很好的诠释。首先,导师阅历丰富。通常情况下,年纪越大,经历越多,但丰富的经历也可以在早年获得。其次,导师值得信赖。雅典娜—门托尔是家族老友。一个人成为导师需要时间和亲近感。再者,正如我们之前提到的那样,导师不只是专注于一项任务或调整过程。这是导师与长辈的区别所在。长辈帮助家族成员走过一段特殊旅程或经历一个过渡期，从而服务于整个家族的利益。与导师相比，长辈的工作涉及面既广泛（为了整个家族的利益，而非被指导者个人的利益）又狭窄（专注于你人生的某段旅程，而非你的成长历程）。最后，雅典娜的乔装也揭示了真正的导师所具备的一个重要特征：成为一个导师需要一些智慧，甚至需要一些诡计。真实固然很好，但被指导者并不总能坦然面对真相。导师必须清楚该透露多少信息以及何时透露。最后这点意味着你可能会遇到一位导师——或者你已经遇到了一位导师——但当时你并不知道。

正如奥德修斯的家族一样，现今的富有家族拥有许多仆人、帮手和顾问，他们无时无刻不围绕在家族成员身边。由于关系亲近且受到信任，一些顾问本来很有希望充当导师的角色。但可悲的是，大多数顾问都在黑洞的引力作用下行事。他们遵循创始人或创始梦想的指导。毕竟，创始人目标明确、注重发展且富有远见。在顾问的帮助下，创始人最有可能创造出决定家人生活的财富结构。他（或她）为未来的顾问规划了一条可以沿袭的道路。我们不能忽略的一点是，创始人或其代理人很可能手握家族的财政大权。撇开其他不谈，金融版本的黄金法则——遵守黄金法则的创始人——很可能会使得大多数顾问生活在黑洞的引力场内，受到向心力的影响。许多为实现创始人的远大梦想而专门设立的机构（银行、信托公司等）也面临着相同的情况（见图 C.1）。

以上这番评论并不是为了责备忠心耿耿的专业人士或机构。出于职业要求，他们更倾向于满足客户显而易见的心愿。不过，这确实有助于解释，为什么 95％的新生代成员，一旦羽翼丰满，便会离开父母

图 C.1　边界以内和边界以外的顾问

的顾问。[1]

因此,最重要的是,你需要在顾问或其他人当中,找到几个,甚至是唯一一个能摆脱专家的威望或黑洞的引力,成为真正的导师的人。这种关系不能强求。毕竟,忒勒马科斯最初的导师雅典娜是一位女神。她来去自如。或许,你能做的最大努力就是敞开心扉,为迎接一段师徒关系做好准备。根据我们的经验,一旦内心做好准备,导师就会出现。

远走高飞

在《奥德赛》的结尾,雅典娜再次帮助朋友们平息了伊萨卡的动荡局势。她继续化身为导师,但不难想象,一旦解决完问题,她就会变成

〔1〕 Recall Michael Sisk, "How to Keep the Kids," *Barron's* (June 4, 2011), S20-S21; and Diane Doolin, Vic Preisser, and Roy Williams, "Engaging and Retaining Families," *Investments & Wealth Monitor* (September/October 2011), 10-16.

一只海鸥或一束光，飞身离去。毫无疑问，她将继续关注奥德修斯、忒勒马科斯和佩涅洛普。

我们几位作者并没有这样的神力。也许你们中有些人在读完这本书后，会有意同我们进行更深入的对话。也许对其他人而言，这本书是我们之间唯一的交集。作为作者，我们将作品带到这个世界，并不知道它会产生怎样的影响。

不过，有一点我们可以明确：哪怕这本书只让一位读者认识到彰显个性的重要性，不再在食莲人岛上沉醉不醒，真正了解什么是工作和休闲，建立起可靠的人际关系，感觉更有自信，找到自己的声音，从而打破死寂般的沉默，实现真正的崛起，我们都会觉得我们的努力没有白费。

因此，我们想在此给出一些建议，多年来，荷马史诗《奥德赛》的读者一直受益匪浅。尽管这本书几无可能与《奥德赛》相提并论，但你既然已经知晓了这段旅程的归宿，那就以一个过来人的视角将这本书从头到尾再读一遍。让书中的问题和事例深入脑海。然后，开始最重要的一章：你自己的旅程。

思考题

本书中哪一章最能说明你现在生活中面临的形势和挑战？你会同谁真诚地交流你阅读本书后的收获与反思？

附　录

章末思考题

引　言

想一想你未来半年或一年的生活。在这段时间里，摆在你面前的一个重要选择是什么？在你阅读以下各章时，请记住这个选择，记住你确有选择的余地。

第一章

相对于黑洞，你站在哪里？谁会支持你，支持你摆脱引力的影响？

第二章

你什么时候有过自我效能的体验？那是什么样的感觉？

第三章

你对自己、他人或予你以力量的世界持有什么样的信念？

第四章

对于真正的工作、积极的关系、真实的沟通，请你各举一个生活中的例子。这个例子的与众不同之处在哪里？

第五章

从本章中列出的 12 个问题中挑出一个问题，写下你的答案。一天之后，重新审视你写下的内容。你的答案有任何变化吗？在接下来的几个月里，每周对其余 11 个问题做同样的尝试。

结 语

本书中哪一章最能说明你现在生活中面临的形势和挑战？你会同谁真诚地交流你阅读本书后的收获与反思？

附加工具

我们的网站 www. wisecounselresearch. com 提供了许多额外的阅读资料、演示材料和讲义，这些资料有助于你深入理解我们在本书中和《礼物的循环》一书中探讨的一些思想，也有助于你将这些思想运用到现实生活中。

我们还保留了一份极具参考价值的线上书目，内容涵盖了与财富有关的虚构类作品，以及财富史、财富心理学、财富咨询等领域的非虚构类读物。你可以在我们的网站上找到单页的推荐书单，利用它继续这个领域的学习。

可能的教育途径

在很多场合,家族成员或其顾问都会问我们是否有样板的课程资料,供他们在家族会议或专题研讨会上使用。尽管这些工具极具价值,但分享给大家也存在一定风险。每个人的情况都不同,每个家族的情况也不同。教育的魅力在于其普适性,一些常规性的课程可以适用于不同的情形,但一本书的附录或一门示范性课程不可能实现这一点。

不过,分享这些样本资料的最大风险在于,它们很容易成为我们在第一章中讨论的黑洞的表现形式。这些方案通常会迎合财富创造者或为其服务的顾问的需求和期望,而不是你们这些新生代成员的实际需要和心愿。我们不想让你们的崛起之路走得更加艰难。

因此,接下来,我们会提供三种途径。第一种是针对你的个人旅程。第二种是为可能举办的研讨会列的提纲。第三种是为可能举行的家族会议列的提纲。我们想让你来决定,在你人生的这个阶段,哪条路对你来说最有意义。

对于个人旅程

我们想给你们这些读者,以及你们的顾问或父母的建议主要是,你们要拿起这本书,认真阅读,仔细思考,然后继续你们的旅程,无论前路通往何方。你们中有些人可能想独自踏上这段旅程,由自己把握人生航向。其他人可能会同朋友、导师和家族成员探讨本书中的观点和自己的经历。这两种方式都很好。对于你们的父母和顾问,我们想重申我们在第五章中传达的一个信息:有时候,你们能为新生代成员做的最好的事莫过于给他们留有空间。

对于可能举办的研讨会

我们在前文提到，你们中有些人可能想同和自己处境相似的新生代成员探讨本书中的观点。这样做会有助于你们更好地做出思考与行动。为了促成这样的讨论，我们多年来一直举办“博识咨询研讨会”，与会人员主要是新生代成员。尽管每场会议的氛围因与会者的个性差异而有所不同，但我们会在这里简要描述一下这类研讨会的大致情况。

在新举办的研讨会上，我们首先会鼓励与会者同大家分享自己的身份，以及来参会是出于对什么的兴趣。然后，我们会探讨富有家族新生代成员的生活经历所具有的特点，令其生活走向正常化。具体内容我们会从第一章（关于金融财富对年轻人生活可能造成的影响）和第二章（关于新生代，尤其是千禧一代的特征）中选取。与会者经常会发觉，第一章中的漫画有助于他们找到自己的位置，且这种定位方式也充满乐趣。

研讨会的核心内容是让与会者进行一次自我反思，旨在开始认真思考这样一个问题：“我的梦想是什么？”我们可能会探讨的问题包括：

- 我正处于人生的哪个阶段？
- 我在参加什么活动时觉得自己最有活力？
- 我认为自己已经找到人生使命了吗？
- 我的优势是什么？
- 我对自己、对这个世界持有什么样的信念？
- 这些信念对我有所帮助还是有所阻碍？
- 我对彰显自己的个性有何看法？

对这些问题的探讨自然会引向研讨会的最后一部分：明确你们每个人想要深入学习的领域，以及如何开展后续的学习。比如，有时候，研讨会成员会想扩充自己投资方面的知识；有时候，受托人—受益人机制会成为关注焦点；其他时候，小组成员会想深入研究职业规划、关系管理，或同家族成员开展更进一步的交流。根据这些决定，我们可能会围绕“我如何获得最佳的学习效果?”“我如何找到自己使命所在?”“我如何建立财务不平衡的关系?”以及“我如何学会处理高难度对话?”等话题举办后续的研讨会。

对于是否参加这类研讨会，有一点你必须考虑清楚：这是你的选择还是他人的选择？这个研讨会的目的是培养你的梦想，还是说它是黑洞的另一种表现形式？实际上，你需要考虑的一个重要问题是，你的参会费由谁支付。很多时候，家长或受托人会为类似的研讨会买单，结果，控制权直接或间接地落入他们之手。如果你决定继续这方面的学习，那么你最好考虑由自己支付部分或全部费用，或至少要主动同你的受托人讨论费用支付的问题。你自己有所投入，就更有可能实现自己的梦想，而不是他人的梦想，哪怕你并非有意如此。

对于可能举行的家族聚会

有时候，在诸如家族会议一类进行思想碰撞的场合，你可能想同家人共同探讨本书中的一些话题。这是一项艰巨的工作，但可以带来极为丰厚的回报。我们已经为几十个家族组织过这样的聚会，见证了他们所经历的重大变革。

对于致力于满足你们这些新生代成员需求的家族研讨会，我们在此草拟了三场会议的会议大纲。每场会议一般要开至少两个小时。尽管三场会议理论上可以在一天内开完，但如果这样安排，那么就算你自己没有问题，大部分家族成员也会累得筋疲力尽。我们建议将这三场会议分三天开，或者最多将第一场和第二场安排在同一天，第三场安排在第二天(比如利用周末聚会的时机)。